中式评级系列（一）

机制币鉴定评估暨评级技能全景指南

主　编◎沈晓祥
副主编◎董一囡　毛　勇　李　俊
编　委◎戴家欢　沈　思

河海大学出版社
·南京·

图书在版编目(CIP)数据

机制币鉴定评估暨评级技能全景指南／沈晓祥主编；董一囡，毛勇，李俊副主编．－－南京：河海大学出版社，2024.5

ISBN 978-7-5630-9002-0

Ⅰ．①机… Ⅱ．①沈… ②董… ③毛… ④李… Ⅲ．①金属货币－鉴定－中国－指南 Ⅳ．①G262.2-62

中国国家版本馆CIP数据核字(2024)第109166号

书　　名	机制币鉴定评估暨评级技能全景指南
书　　号	ISBN 978-7-5630-9002-0
责任编辑	高晓珍
特约校对	曹　丽　张绍云
装帧设计	徐娟娟
出版发行	河海大学出版社
地　　址	南京市西康路1号(邮编:210098)
电　　话	(025)83737852(总编室)　(025)83722833(营销部)
经　　销	江苏省新华发行集团有限公司
排　　版	南京布克文化发展有限公司
印　　刷	南京新世纪联盟印务有限公司
开　　本	787毫米×1092毫米　1/16
印　　张	18.5
插　　页	1
字　　数	484千字
版　　次	2024年5月第1版
印　　次	2024年5月第1次印刷
定　　价	228.00元

自序

备足干粮，远航

唐代魏征有言，"求木之长者，必固其根本；欲流之远者，必浚其泉源"，意思是想要树木生长一定要稳固它的根，想要泉水流得远一定要疏通它的源头。所谓木之根本，源远流长就是这个意思。在钱币收藏圈，也许你是业余钱币爱好者，或是钱币圈专业人员，抑或是一家钱币鉴定机构，基础牢固和源流丰沛是钱币事业得以健康、稳健发展的前提。

对于个体而言，基础牢固可以解读成拥有坚定的从业意愿、优秀的品格、娴熟的钱币鉴别技能、丰富的钱币文化理论基础、基于市场行情的判断力；而源流丰沛是指要有源源不断的资源可以利用，或上下渠道，或人脉资源。

对于机构而言，基础牢固则可以包含为基于长期主义的企业价值观、高尚的经营品格与员工关系、过硬的钱币评级师队伍、守恒的产品输出结果、有担负的纠错与召回机制、负责任的理赔制度；而源流丰沛则包含了机构内外部资源、市场环境、经营策略、客户互动与学术精神。

钱币收藏的产生有两个基础：一是钱币文化与历史的客观存在，耐人寻味；二是剩余商品的出现，要有经济能力。通俗地讲，就是文化基础和经济基础。这些年，中国经济的高速增长，带着钱币行业飞速发展，随着经济收入的不断提高，源源不断的钱币爱好者加入是行业发展的源泉。

诚然，专业评级机构的存在也是推动钱币行业发展的重要推手。

有学者预言，中国的钱币收藏正面临着黄金增长的15年。当前的钱币收藏正处于2.0时代，这个时代的特征，一方面是三方评级机构具有一定程度的公信力、自媒体与平台的舆论导向；另一方面则是市场主体源源不断地加入，热爱与热情带来的疯狂涌入。无论哪一个方面的解读都是积极的、乐观的、正面的。

也许5年之后，钱币收藏行业将会迎来3.0时代，而这个时代的特征将会是监管环境的建立，行业自律组织的成立，钱币鉴定行业公信力塑造与钱币价值回归，科技赋能与个性化定制，职业教育与高层次人才培育。时代向我们发出呼喊，向我们吹响了集结号，是时候需要我们沉下心来做一些事情了。

中式评级的成立具有重要意义，它是由九名钱币资深爱好者在上海发起组建。大家思想单一但目标一致，大家情怀使然又肩负使命，大家秉承学术精神而不以营利为主要目的。

中式评级依据钱币表面所呈现的中国特有的社会因素（墨印、醇记、吉帖）和自然因素（美锈、炫彩），创立中式评级标准，报国家版权局核准，拥有我国自主知识产权。

产品输出采用中式评级标准和谢尔顿评级标准并行的评级方法，旨在引导是钱币选择评级标准，而不应是评级标准选择钱币，这正契合钱币评级的正向观念，尊重钱币生态，科学且务实。

符合中式元素墨印、醇记、吉帖、美锈、炫彩等定义的钱币，采用中式评级标准评级，运用平均评级法，起始五级，最高一级，标注钱币的总体状态等级与分数，采用金色标签封装。

而将符合谢尔顿评级标准的钱币采用银色标签封装，采用谢尔顿标准评级，运用共识评级法，最高分70分，各等级就是大家所熟知的F、VF、XF、AU、MS等。

中式评级在成立后的两年间秘不示人，关起门来做实验，做学术研究，并定期发布学术研究成果。中式评级在2023年2月、3月淮安和杭州的钱币交流会甫一亮相，即获得广泛关注。

时至今日，中式评级标准、墨印组、评级师团队、审计组、平均评级法、XX等级、召回……这些名词已经成为爱好者们走进中式的代名词，中式评级理念与学术研究精神在一定范围内深入人心。

站在时代的风口，你绝不能轻飘飘地飞起来。没有厚重牵引，你将跌落何处？

如果，

你是一位初入行的钱币爱好者，正苦练眼力，欲展翅高飞；

抑或，

你已是一位钱币圈资深玩家，正搏分成功，叹滚滚英雄谁在？

如果，

你已是一位实体钱币店的店主，正观察品相，研究版别；

抑或，

你是一位以钱币为投资主业的资方，正运筹帷幄，积极布仓；

如果，

你是一位将踏入钱币评级的职业评级师，正满腹经纶，踌躇满志；

抑或，

你仅仅需要成长，想要学习，想要挑战自我，想在钱币行业走得更远更扎实。

那么，

本书可以给你借鉴，给你经验，给你参照蓝本，可助你少走弯路，拓宽你的视野，给你备足干粮，助你远航。

是以为序！

沈晓祥
2023年9月

目录
CONTENTS

1 钱币研究与收藏的价值   **001**
     1.1   时人不识凌云木:历史价值   /003
     1.2   江湖浪迹一沙鸥:社会价值   /005
     1.3   周情孔思正追寻:鉴赏价值   /006
     1.4   直待凌云始道高:经济价值   /008
     1.5   梅雪争春未肯降:金融价值   /009
     1.6   却道海棠仍依旧:装饰价值   /009
     1.7   月行却与人相随:传承价值   /010
     1.8   共看明月皆如此:信用价值   /016
     1.9   人间正道是沧桑   /016

2 钱币评级概述   **021**
     2.1   易求无价宝:求真   /024
     2.2   若只如初见:品相   /024

3 银元上那些浓浓的中式元素   **035**
     3.1   韵味无穷墨印   /037
     3.2   意犹未尽醇记   /051
     3.3   喜庆洋洋吉帖   /059
     3.4   令人神往美锈   /065
     3.5   赏心悦目炫彩   /070

4 机制币鉴定评级原理与实务   **081**
     4.1   一枚评级钱币的流转   /083
     4.2   真伪判别   /084
     4.3   评级要素   /109

5 中式评级中式评级标准评级实务(金标)   **145**
     5.1   苍云秋水迢迢:中式评级标准   /147
     5.2   墨印序列   /148

- 5.3 醇记序列 /154
- 5.4 吉帖序列 /160
- 5.5 美锈序列 /165
- 5.6 炫彩序列 /171

6 中式评级谢尔顿标准评级实务(银标)   179

7 中国各省份银元铸造发行及部分在华流通外国银元简述   191

8 银元版别种类表   199

9 保管钱币的那些事   237
- 9.1 钱币保管之殇 /239
- 9.2 如何拿取钱币 /244
- 9.3 如何保存钱币 /246

10 钱币评级师的职业修为   253
- 10.1 职业修为的基本定义 /255
- 10.2 钱币评级师的职业修为 /255

11 钱币评级师的职业道德   261
- 11.1 钱币评级师的定义 /263
- 11.2 钱币评级师的职业道德 /263

12 从"克明"到"胡旭明"——银元墨书背后的社会认知   267

13 发现:银元墨印上的地名   275

14 探究:银元墨印上的吉语   281

参考文献 /287

后记 以终为始 /288

1

钱币研究与收藏的价值

人面不知何处去，桃花依旧笑春风。

——《题都城南庄》〔唐〕·崔护

一枚钱币,小小的方圆(方寸)之地,所包含的设计、审美、艺术、价值、历史、功用等,所蕴含的信息是相当丰富的,其研究的价值已远远超过钱币本身。

在市场经济的推动下,钱币具备了投资与收藏的属性,于是钱币收藏既是一种艺术行为,又是一种投资方式,更是一种精神上的享受。

随着新时代的发展,越来越多的人投身于钱币收藏事业。在现代社会,从事收藏已成为人们重要的投资手段。收藏行业相对较低的投入和相对较高的产出,低风险、高收益以及频繁"捡漏"的刺激,受到越来越多的有识之士及年轻一代的青睐。

钱币是颇具群众基础的收藏品,历来成为国内乃至全球各大拍卖会上的紧俏品,其价值既是财富储蓄,也是文化熏陶。特别是在经济繁荣的今天,钱币收藏已不再成为"老学究"们的专利,"旧时王谢堂前燕,飞入寻常百姓家",它已逐渐成为人们经济生活和精神生活的一部分。

应用要诀

钱币收藏的本质是对灵魂的滋养及熏陶,这种获得是不可复制的,也是不可量产的。这就决定了钱币收藏在经济发展中所呈现的价值。这种价值不是单方面的,而是一种综合体的多角度覆盖。综合而论,钱币收藏的价值可分为八种,分别是历史价值、社会价值、鉴赏价值、经济价值、金融价值、装饰价值、传承价值、信用价值。

1.1 时人不识凌云木:历史价值

一枚钱币之所以有研究价值,在其丰富多彩的信息中,发行背景最耐人寻味。发行背景关系着社会百态、关系着国民经济、关系着政治影响、关系着重要事件和人物,是研究钱币历史中最重要的内容,极具学术价值。

一些钱币专家、学者经过多年的学术研究和资料考证,在其著作上通常会详细标注经考证后的发行背景,图文并茂,内容翔实,值得钱币评级师和钱币爱好者归纳学习,时刻提升自己的学术内涵。

比如《江南龙洋图鉴》的作者陆荣泉先生在该书"序言"中写到江南龙洋的发行背景,对钱币爱好者追忆"江南龙洋"这一段历史,增长收藏知识、提高收藏兴趣,有一定的参考作用。

光绪二十二年(公元 1896 年),两江总督刘坤一向清廷呈请奏折:"制钱缺乏,不敷周转,洋元行销,利权外溢,仰给外省,终非久计……"这段话恰恰说明了在鸦片战争后,外国银元在中国流通甚广,导致大量的白银外流,以及当时面临无钱可用的窘境。

同时,这清楚地讲述了清末我国缺失金融主权的时代背景。由于金融币制混乱,清政府迫切需要自主发行银元抵制外币,维护金融主权,防止利益外流,以及外省(北洋机器局、广东钱局、湖北银元局等)开铸银元的行动(图 1-1)。

比如孙浩主编的《百年银圆:中国近代机制币珍赏》中对近代机制币的发行也有着翔实的背景考证。

"孙像开国纪念币",其发行背景是 1911 年 10 月 10 日辛亥革命后。各省代表推举孙中山为临时大总统,由于事起仓促

图 1-1 江南己亥新龙 墨印 锭形 寿

以及清政府迅速崩溃，乱局中急需大量现银。民国元年3月，财政总长陈锦涛呈文大总统：本部拟先行另刊新模，鼓铸纪念币，就中一千万圆上刊第一期大总统肖像，流通遐迩，垂为美谭；其余通用新币，花纹式样，应一律更改，暂应流通。大总统同意其请并指示："应准照行。其余通用新花纹，中间应绘五谷模型，取丰岁足民之义，垂劝农务本之规。"（图1-2）

图1-2 孙像开国纪念币 醇记 宝和

"袁世凯像银元"，其版面设计经袁世凯本人亲自核定，由天津造币厂制成祖模后颁发各地分厂大量生产（图1-3）。大量流通的主要原因不外乎有二：一是以《国币条例》为依据的国家货币；二是钱币本身质地优良而商民乐用。另外，据考证袁世凯本人对自己肖像极为关注，造币厂呈样后历经数次改动后方成。以自己肖像铸于钱币表面，其动机一方面取信于国民，另一方面大概率是扩充其政治影响。

"孙中山像帆船银元"牵涉到"废两改元"的历史。当时社会上公私款项的收付、债权债务的清算、交易税收、国外汇兑及各商店标价均以银两计算，银元与银两之间的换算相当不便，折算极为麻烦。1933年3月国民政府正式实施"废两改元"，标志着支配中国近千年的银两制度正式撤销，中国的银本位币制终于走向统一。国民政府财政部颁布《银本位币铸造条例》，明令上海中央造币厂专属铸造权及专属中央造币厂，上海中央造币厂按规定及授权开始生产重量及成色皆精准的船洋或"帆船银元"。这就是"孙中山像帆船银元"的由来（图1-4）。

图1-3 袁世凯像三年大头 墨印 嘉定库六年三月

图1-4 孙中山像二十三年船洋 吉帖 囍

钱币铸造与币制改革，拥有着那个时代特殊的意义，是特定的社会产物，是推动社会进步的旗帜。我们站在历史的起点，用时间长河去丈量钱币的历史，如同捧在手心里的水，在你的不经意间会轻轻滑走。

那些铸在钱币上的历史需要潜心去考证，文献还需要进一步发现，解读钱币背后的历史与价值，这需要钱币专业学者、收藏爱好者的共同努力。

1.2 江湖浪迹一沙鸥：社会价值

钱币拥有流通的商品属性，因其良好的群众基础，在现代社会关系中所扮演的角色越来越重要。银元，其圆形结构往往寓意着圆圆满满、和和美美；其发音表达，也与美好名词"姻缘"谐音，从而承载了特殊含义。

在我国民间社会有一种广泛认知，家有女儿出嫁时，父母需要在陪嫁的"官箱"中放置陪嫁物品，俗称"压官箱""压箱底"。此种习俗在我国西北地区、黄河流域、长江中下游地区和东南沿海地区尤为常见。箱底之物除以金银玉器为主，大户人家大多陪嫁银元。

这样的习俗，在清末、民国及中华人民共和国成立后很长一段时间，广泛流行，蔚然成风。在福建三明地区（大田县建设镇、广平镇、奇韬乡、文江乡等，尤溪县新阳镇、八字桥乡等，永安市槐南镇、青水乡等），至今还传承一个习俗——男方迎娶前，除给女方一大笔现金彩礼外，还需要给女方提供190余枚的银元彩礼（银元数量一定要单数，比如193枚，195枚）。为彰显喜庆之气，主家会在银元的表面贴上"囍"字剪纸，或朱笔写下大红"囍"字，或墨水写下黑墨"囍"字，此种习俗至今依然方兴未艾（图1-5、图1-6）。

图1-5　袁世凯像九年大头　吉帖　囍

图1-6　袁世凯像十年大头　墨印　囍

无独有偶，祝寿用的"寿"字、加官晋爵用的"禄"字、祈福祝福用的"福"字。这些特殊的文字呈现在银元表面，在不同的场合也发挥着不同的效应。

历经岁月流转，这些见证过喜庆之气的银元，是那个时代特有的中国元素。其承载的含义早已超脱银元本身，越发受到银元爱好者的青睐。

在长江以南、东南及华南地区，阴阳学说赋予银元另一层重要意义。在民间的祈福活动中，银元、五帝钱（顺治、康熙、雍正、乾隆、嘉庆制钱）与花钱等，往往作为镇宅祈福、辟邪招财、求学升职、平安健康、家企两旺的法事工具（图1-7）。

在我国北方及西北地区，钱币被视为人际沟通的纽带，是彼此增进情感的社交工具，民间人情往来送钱币已逐渐成为社会风尚。特别是最近几年，有一些商家在银元的外部包装上下了功夫，外形高端、美观、大气的包装盒，令银元更加赏心悦目，更显银元贵重。不知不觉间银元已成民间送礼佳品，人情往来，

图 1-7　清朝制钱

蔚然成风。

　　山西长治的一位藏友,手头藏有二枚北洋 26 年龙洋,十年前为了托朋友办事,把其中一枚原光北洋 26 年龙洋赠送给了朋友,这个手笔令人咋舌。这位朋友也非常得力,把事情办得圆圆满满,双方皆大欢喜。

　　陕西榆林的一位藏友给朋友的孩子庆祝十周岁生日,随手包了 10 枚"袁大头"。

　　河北邯郸的一位藏友妹妹出嫁,妹妹当年 25 岁,该藏友包了 25 枚北洋龙给妹妹"压箱底"。

　　上海及江苏南部的苏锡常地区,父母会在出嫁的女儿官箱中放置"压箱底"银元(图 1-8)。

　　在福建三明地区,至今还传承着一个习俗,在男方结婚时的迎亲宴中,舅舅一定要做一件事情,就是要给外甥的新娘包一块"袁大头"银元。

图 1-8　佳偶天成

1.3　周情孔思正追寻:鉴赏价值

　　一枚钱币的收藏,其背后的支撑点就是鉴赏。它既可以提高收藏者的艺术修养,也可以通过日积月累的鉴赏来提升自己的眼力与专业,更可以了解钱币背后的时代风貌与钱币文化。

1911年清廷发行的宣统三年大清银币,画面中龙面的一条龙在漫天的祥云中飞舞,额头、眼睛、嘴巴、胡须、龙鳞栩栩如生,整条龙威武霸气、大气磅礴,令人望而生畏(图1-9)。

图1-9 宣统三年大清银币

字面的文字与长枝菊花纹饰组合祥和规整,楷书书写遒劲正气、厚重雄浑,版面排列大气高端,皇家风采跃然于币面。

整枚币设计优雅,细节处理细腻,雕工精良,打制深峻,压力充足,立体感相当强,代表了那个时代登峰造极的审美、设计、雕刻与铸造水平。

另外,因清末民国时期金融体制混乱,缺乏管理体系,如清末时由各省自铸钱币,这就给各省造币厂较大的发挥空间,也就造成了当下银元种类和版式繁多。民国时虽然有财政部统一颁发祖模,但缺乏有效监管,各地铸造的银元与中央厂往往形似神不似:版别、头像、字体、花枝各异(图1-10)。

袁像三年对比视图,左侧甘肃版,右侧天津版:

人像面视图

嘉禾面视图

图 1-10　甘肃版与天津版的正反面区别图

这些凌乱的历史痕迹，反而给今天的收藏爱好者带来无穷的乐趣。有时为凑一枚心仪的版别或某个年份发行的银元，不惜重金收入囊中。

1.4　直待凌云始道高：经济价值

在我国目前的市场经济发展条件下，钱币在收藏者眼中是有一定的经济价值的，并不仅仅是一件艺术品，更可转化为可以投资的商品。

经济价值的体现往往取决于钱币自身的品相、版别、发行量、社会认知与认可度等。经济价值的体现还取决于流通性与变现力。经济价值是时下很多人入手钱币成为收藏者最为重要的价值属性。

一位钱币"倒爷"（指专门从事钱币买卖的人）在 2022 年 4 月从一线"铲地皮"（指在农村摆地摊或沿街收购钱币的人）手中以 1400 元/枚买了 9 枚"袁大头"，共计支出 12600 元，其中有 2 枚是甘肃版（指甘肃造币厂发行的"袁大头"），转手卖给了银元收藏爱好者，7 枚普通版"袁大头"卖出的单价为 1450 元/枚，甘肃版"袁大头"按 2000 元/枚卖出，共卖得 14150 元，一前一后利润 1550 元。这是快速变现力，是前文所说的鉴赏价值延伸出的版别识别能力，也是买卖银元产生的经济价值。

一位银元收藏爱好者于 2011 年参加北京某拍卖会，兴趣所致拍得一枚某包装盒 65[+] 的大清宣三龙洋，落锤价加佣金到手共计花费 32 万余元。2021 年因另一藏友百般"讨"要，再加之换藏及资金流动性需要，该收藏爱好者遂成全其心愿，讨价还价一番以 55 万成交。历经十年持有，利润空间、流通性与变现力有目共睹。

"袁大头"和北洋 34 年龙洋一直是银元行情的风向标和晴雨表——普通版"袁大头"的价格从之前的几十元，到 2007 年开始发力，一举跃升到 180 元，十五年后的 2022 年 4 月成交价已然 1500 元左右，年复合增长率为 15.2%；普通版北洋 34 年龙洋，2007 年价格为 330 元左右，15 年后的今天价格为 6000 元左右（2022 年 4 月市价），年复合增长率为 21.3%。

银元的资源早就不可再生，当交易价格较大幅度地螺旋式增长，固然会吸引无数新人趋之若鹜、下"海"淘金。正因为有着众多的"众星捧月"，推动银元价格一路上扬是必然结果。

是"庄周梦蝶",也可能是"蝶恋庄周",在市场作用下,银元的奇货可居以及价格的持续上涨因素大概率也是缘于新人的不断加入。当然,资本的介入也是推动银元价格上涨的重要因素。

1.5 梅雪争春未肯降:金融价值

符合市场经济运行规律,钱币收藏市场本身的金融价值演变成了一个专业的钱币金融圈层。

钱币+金融的变化,钱币收藏开始承担金融工具的相关功能。在艺术品市场中,将钱币等艺术品作为信托、抵押、基金等形式的不断出现,使社会上很多闲散的资金投资进艺术领域,因而在此领域中获利。

因钱币交易需要而衍生出来的交易平台具备了金融平台的初步特征,三方支付及先款后货的交易方式推动了社会信用体系的发展。因钱币收藏保管需要而产生的附属品及上下游产品已逐渐形成产业。

有识之士的创新设计能力以及工业化生产推动了产业发展,创造了用工需求,也带动了市场经济的发展。

1.6 却道海棠仍依旧:装饰价值

钱币不应该只是展示于城市的博物馆里以及保存于大众家庭的保险箱里,还应该呈现在大众的视野里。除了正常的交易买卖外,其本身亦具备审美与艺术价值,还具备一定的装饰价值。

毛先生的企业刚开张,正在为办公室的显眼处放置装饰物品而冥思苦想。放山水画过于传统保守,放油画、抽象画又与自己的企业文化不匹配,怎么样凸显个性,令人耳目一新?又能象征财富,彰显吉祥意义?此时有一朋友建议,放江南龙洋图片吧!

毛先生是一名银元收藏爱好者,其持有一套江南龙洋主币。经朋友这么一指点,毛先生茅塞顿开,于是挑选了一枚"江南戊戌珍珠龙",请专业人员拍摄图片制成了一幅画悬挂在办公室里(图1-11)。

庄重霸气、栩栩如生、寓意深刻的"江南戊戌老龙"起到了很好的装饰效果,不仅给毛先生与客户的沟通交流带来了谈资,也给毛先生的企业带来人气,还在不经意间收了数名企业经营者作为"徒弟"加入了银元收藏大军。经不住这些"徒弟们"的软磨硬泡,毛先生的企业驻地不久后便成了圈内小有名气的银元交流研究中心。

王女士是一位资深的银元收藏爱好者,她对原味的银元情有独钟。恰逢家里装修房子,王女士寻思在家里的玄关位置做一个银元展示柜,一是方便自己时刻近距离欣赏银元,二是起到令人愉悦的装修效果。

图1-11 江南戊戌珍珠龙装饰画

她与先生商量后,先生鼎力支持。在她的一手策划与设计下,定制化的展示柜打造成功。在一排射灯的照射下,各种原味银元越发绚烂多彩,原光的"车轮"滚滚,五彩的霞光万丈,美锈的翠绿欲滴,墨印的古朴端庄,帖纸的喜庆盎然。

整个展示柜呈现的是一幅美不胜收的图案,既时尚又不失传统,既高贵又不失典雅,创意设计与整体家装效果令人称赞(图1-12)。

图1-12 藏友们家装组图

不仅是企业装饰、家装展示……一些银元深度爱好者将自己潜心收藏的银元拍照后作为社交媒体的封面和头像。他们将精心挑选的银元,拍成照片精修后成为自己的形象标签,上传各类社交媒体作为自己的封面和头像,以此昭示自己对银元的喜爱。

1.7 月行却与人相随:传承价值

钱币作为投资品和收藏品,是承担一定社会属性标签的。拥有一套上好品相的江南龙洋、北洋龙、吉林龙、四川龙等,一方面是财富实力的体现,另一方面是拥有银元收藏圈众多人难以企及的"江湖地位"。

因此,钱币收藏不仅是财富的积累,更是收藏圈身份地位的象征。像前文所说的藏友毛先生,拥有的一套"江南龙洋"价值数百万元,这不是普通收藏爱好者能够企及的手笔,他企业的经营所得除去必要的成本开支外,又拿出一些利润投入"江南龙洋"的收集中。近期,他的目光转向"北洋龙洋",用他的话说"一南一北要齐全,'江南'有了,'北洋'齐了,这样就圆满了。"

在银元表面加盖特殊的墨水印记,被业内普遍称为墨印或墨戳。在清末、民国年间,政府、钱庄、票号、商号、民间百姓……用于宣传、信用佐证、民俗纪念、良好愿景等。其墨印颜色有黑色、蓝色、红色、紫色、白色、烟灰色等。这些特殊的墨水印记,充满着别具一格的社会印记,是那个时代特有的中国元素,古老而又体现质朴,纯粹而又充满内涵。

从外形来看,这些墨戳印记的形状有圆形、椭圆形、方形、菱形、三角形、锭形、聚宝盆形、祥瑞动物形、花束形、扇形、太极形、钟形、多边形,还有不规则的流线形,形状多样,不一而足(图1-13)。

圆形	椭圆形
方形	菱形
三角形	锭形

聚宝盆形

祥瑞动物形

花束形

扇形

太极形

钟形

卷轴形　　　　　　　　　　　　　寿桃形

葫芦形　　　　　　　　　　　　　多边形

图1-13　各形制组图

  从功能与加盖主体来看,有官方和第三方加盖的征税、公估等墨印,有政治及救国题材反映时代真实背景的墨印,有标注地名及年份、月份的墨印,有钱庄、银行、保险、商字号加盖的墨印,有彰显文化元素的古文、古诗词、千字文墨印,有警世名言及劝善、劝思、劝农、劝学题材墨印,有表达愿景及经营内涵的墨印,有民间百姓加盖或毛笔墨书批注的民俗纪念型"喜"及其他吉语墨印(图1-14)。

  这些墨印相映成趣、精彩纷呈,是银元收藏爱好者提升文化涵养的重要领域,这对了解那个年代的货币流通文化,了解那个年代特有的中国元素有很强的研究价值。

  这些加盖在钱币上的历史年轮需要大力保护,需要研究识别,需要考证发掘,更需要有序传承。特别是拥有我国自主知识产权中式评级标准的出台,让这些流动的人间精灵可以最大限度地得到保护和有序传承。

  银元象征着财富,拥有银元就是拥有财富,越来越多的有识之士将银元作为长线投资的金融产品。单从投资角度而言,投资银元一方面可以增值获利,另一方面也可以做到财富传承。

  在新生代崛起前,可以通过银元科普,希望有朝一日在钱币收藏的圈层中不断有新鲜血液加入。

征税
(遂昌县署民国十一年征收处印)

公估
(长 公估 万商云集)

毋忘国耻
(毋忘国耻 祥元庄)

妇协卫国
(金华西市 慎源 妇协卫国)

地名、钱庄、年份及月份
(兰溪水门 穗茂钱庄 二十年 春月)

银行
(绍兴 中国银行)

1 钱币研究与收藏的价值

商号
（游埠柴市 晋丰米行）

古词
（简 稼穑维宝）

古诗
（源 绿遍山原白满川）

警世名言
（慎思）

经营愿景
（日进斗金）

墨书吉语
（銮凤和鸣）

图 1-14　墨印各形制组图

1.8 共看明月皆如此：信用价值

随着三方鉴定业务的普及，评级公司越发得到广大收藏爱好者的认可。伴随着评级企业的竞争越发激烈，评级公司高度重视评级标准的统一及品牌理念的加强，这是一个行业兴盛的必然基础，自然吸引了众多"银元小白""钱币倒爷"的热捧。

目前国内外的评级企业普遍采用的是谢尔顿评级标准。但随着中国特有元素的钱币被深度挖掘、归纳总结，并逐渐成为系列收藏，它已经进入了众多收藏爱好者的收藏序列，比如墨印系列、醇记系列、吉帖系列、炫彩系列、美锈系列等。

2021年3月，拥有我国自主知识产权的中式评级标准相应出台，这填补了行业空白，也标志着国际通用的"97、98"等数字代号或将成为历史，这让具备中国特有元素的钱币终于"有家可归""有据可依"。

保真服务，是任何一家正规的评级公司对所评级出来的产品基本的确认。假币入盒、市价赔付，是评级行业及评级企业的基本认知，也是广大收藏爱好者的普遍认知。一家评级公司对假币入盒的百般托词、拒不赔付是严重失信的行为，这会被评级行业唾弃，会被藏友们鄙视，也最终会被市场淘汰。

视口碑为生命，视承诺为底线，是一个企业的基本良知，是企业诚信的基本表达。这也带动了各收藏主体交易时根本无需担心入盒钱币的真伪，只需考虑钱币的具体分数、品相、版别和价格是否适合自己，这让藏友间的买卖交易更加客观公平，这推动了行业诚信体系的建立。

未来，随着监管的加强和法规的出台，以及评级行业协会或同业公会的建立，包括钱币评级师资格认证体系的推出，这个行业的前景将更加广阔。

1.9 人间正道是沧桑

那么作为钱币投资者与收藏爱好者，应该具备哪些价值观呢？什么样的价值观才是正确的呢？高尚的鉴赏情操、深厚的钱币情怀、诚信的交易行为不失为总的指导方针。除这些外，以下的这些关键词也是钱币投资与收藏的核心价值观。

人生能几何，爱由心生

兴趣是最好的老师。培养钱币收藏兴趣是首要因素，浓厚的兴趣可以激发个体对钱币的研究与投资的动力。

热爱钱币历史、热爱钱币文化、热衷于钱币研究、不断挖掘钱币版别、不断考证钱币历史、不断更新认知、不断分享交流，这是一名钱币收藏爱好者的日常。

有句名言是这样说的，"如果有件事情让你每天不停地去想它，那么，请你不要放弃它"。对银元爱好者而言，简单一句，热爱就是要努力让自己做个"银元痴"。唯有热爱，才会身心投入；唯有热爱，才会义无反顾；唯有热爱，才会全力以赴。

珍重主人心，专注于情

钱币研究不在于广，而在于专，也就是说不在于广度，而在于深度。专注于某一类别或某一系列的研究与集藏，这或许是对新手与收藏爱好者的中肯建议。

毛先生是企业家，他特别钟情于"江南龙洋"的研究与集藏，他的大部分业余时间都集中在"江南龙洋"版别的研究上，他手上持有的"江南龙洋"令人赞叹不已；王女士是全职太太，她特别钟情于炫彩系列银元的集藏,她收藏的银元枚枚底板细腻、高点俱在、彩浆浓郁,她在圈内名气斐然;李先生是政府公务员,他刚加入银元"大军"不久,他特别喜欢"袁大头",他梦想有一天能收集齐不同地方官局发行的所有版别的"袁大头",他的精神令人敬佩;王先生是单位高管,他对银元"小毫子"情有独钟,他花费大量精力,收集了上百枚上好品相的辅币"毫子",被业内好友戏称为"毫子王";骆先生有着深刻的银元情怀,他寄情于银元时代生活史,钟情于银元墨印的研究,经常在报刊上发表墨印研究成果,在圈内颇有影响力。

专注也在于钟情,是在某一领域、某一系列做到极致,做到极致就是引领,做到极致就是艺术,做到极致方能体现真正的价值。

谁怕关山阻,尊重之道

扎西拉姆·多多在《班扎古鲁白玛的沉默》一诗中写道:"你见,或者不见我,我就在那里,不悲不喜;你念,或者不念我,情就在那里,不来不去;你爱或者不爱我,爱就在那里,不增不减。"钱币的世界相对单纯,它以最质朴的且无声的情感传递着与你同频共振的音符。你喜欢它,它回报以热爱;你研究它,它回报以专业;你投资它,它回报以收益;你尊重它,它回报以品德。

一枚银元流通百年,在时间的光影中已成永恒。银元的品相、状态和包浆已成事实,任何人为的破坏与干预都是违背自然规律。适当的清理或许会带来赏心悦目的效果与经济利益,但过度地、片面地迎合评级公司的清洗,其光鲜亮丽的外表可能蕴含着危机:一是不可避免的再次氧化或硫化,包浆会相对有碍观瞻;二是白花花的银色毕竟缺乏年轮韵味,很容易造成审美疲劳。

尊重事实,尊重品相,尊重状态,尊重包浆,尊重自然的馈赠,毕竟自然美才是真的美。

别后悠悠君莫问,理性投资

炒作和投资有着本质的区别。从资本来讲,炒作是制造气氛、烘托氛围,进而实现投机的过程。

银元炒作大多经历起势、注入、造势、拉高、抽离等过程,是一种类证券化的投机行为。

过去的十多年间,银元市场的每一次震荡都离不开资本的"加持"。在无"节制"的炒作下,有的人锒铛入狱,有的人卷铺盖跑路,有人自寻短见,有人精神失常,有人默默偿还借款,有人咬牙坚持……银元的世界是安静的世界,世人为之疯狂,归根到底是价值观错了。

最近几年,三方评级业务深受追捧。在主体评级公司的引领下,以其专业的鉴定与评估以及良好的公信力,降低了收藏的门槛,由此吸引了无数新人纷纷加入。在币商的推动下,无数投资者也纷纷抢滩登陆。

在银元市场,人生的赢家往往是有钱的"大佬"和做流水的"倒爷","大佬"有钱,不怕风吹草动,不仅亏得起,还能撬动社会资源和人脉市场。"倒爷"就不用说了,短线运作,"剥皮"就走,不囤货就没有风险。

普通的银元爱好者、资深玩家与银元情怀使者,唯有守住初心,坚持价值导向,坚持兴趣爱好,坚持长期持有,实现长线投资,不焦虑,不患得患失,不犹豫,不瞻前顾后,不失为投资银元的价值需要。

以藏养藏也不失为普通投资者的收藏银元之道。

后会不知何处是,诚信之道

无论是新人、钱币"倒爷"、资深玩家,还是情怀使者,免不了有交易行为。遵循诚信原则是交易行为的首要原则,也是一个人品德的呈现。

对卖家而言,在交易行为中,不管线上线下,都需要卖方恪守事实:如实描述钱币品相,绝不隐瞒瑕疵;标注真品的要终身保真,所卖出的每一枚钱币都要经得起历史检验,假货主动退款;伪品劣品必须提前注明;全程在视频下包装发货。

对买家而言,买方需要尊重交易事实,在安全的环境下理性购买,慎防低价陷阱。

线上交易一定要到正规的三方平台走安全交易通道,非熟人、非担保不在朋友圈直接打款交易。保留交易证据防止纠纷,全程在视频下开包收货,主动询问钱币品相,积极反馈上手感受。

线下交易买卖双方更应遵循诚信原则。除钱货两清外,卖方的"终身保真、如假包退""包入盒""不入盒包退并承担所有评级费用""不满意三天内无条件退货"等承诺,往往可以收获新人与普通玩家的"芳心"。

而买方线上线下交易时需要具备一定的真伪辨别、市场价格及品相把握能力,不要片面相信卖方的"故事",谨防上当受骗。

另外,评级币以其三方保真鉴定的公信力,适合初学者与普通玩家购买。任何不诚信的行为都是不道德的行为,针对失信行为,一些有良知及正义感的钱币收藏爱好者成立了义务"打骗联盟工作群"协助受骗者维权,此举令人肃然起敬。

江苏的一位钱币爱好者十多年来义务帮助受骗者维权,协助警方抓捕多名诈骗嫌疑人归案,帮助被骗者追回多起被骗款项,发布电子版《防骗手册》提醒广大钱币爱好者避免上当受骗,组建防骗打假工作群,建立骗子档案库等。

收藏品网络交易《防骗手册》内容:

1. 慎防低价陷阱。骗子最善于利用人的"贪便宜心理",先用低价吸引网友注意,有些网友在捡漏心理作用下,怕被别人先捡漏,仓促完成交易而走进骗子设好的陷阱里。

2. 拒绝直接打款交易。不是特别可以相信的熟人,不管藏品如何诱人,只要要求直接打款交易,马上提高警惕性,因为你面对的很可能就是骗子。

3. 安全交易通道。准备进行交易时,必须走有公众信誉的第三方安全通道。网站中介交易要特别注意遵守网站规则,切记不要走公众信誉未明确的个人中介,防止骗子团体勾结诈骗。

4. 确认交易标的。因藏品的特殊性,不论走什么中介交易,都必须在第三方中介认可的方式下确认交易藏品标的以及品相描述,防止偷梁换柱和弄虚作假,这是第三方中介在发生交易纠纷时,确认支持哪一方、不支持哪一方的依据。

5. 防止交易纠纷。为了防止交易过程纠纷,在交易过程中必须保存好交易环节的证据,比如打包、拆包视频以及快递单据等。高价值藏品必须保价,保价快递必须在快递员面前拆包,发现问题及时与快递员沟通。

6. 识真假认品相。如果是新人或不懂藏品真假及品相的,可以找熟悉的资深玩家帮忙先看看,或者发帖求助,不要轻易涉足你并不了解的藏品品种。

该藏友十多年如一日的义务坚持,防骗打假收效甚著,一定程度上震慑诈骗分子,净化了钱币市场风气,也收获藏友们一致赞誉。因此,不诚信的欺骗行为,轻者全网喊打,声名狼藉,钱币收藏市场寸步难行;重者触犯法律,面临的或许是一场牢狱之灾。

《中华人民共和国刑法》第二百六十六条规定:诈骗公私财物,数额较大的,处三年以下有期徒刑、拘役或者管制,并处或者单处罚金;数额巨大或者有其他严重情节的,处三年以上十年以下有期徒刑,并处罚金;数额特别巨大或者有其他特别严重情节的,处十年以上有期徒刑或者无期徒刑,并处罚金或者没收财产。

《"两高"关于办理诈骗刑事案件具体应用法律问题的解释》第一条规定:诈骗公私财物价值三千元至一万元以上、三万元至十万元以上、五十万元以上的,应当分别认定为刑法第二百六十六条规定的"数额较大""数额巨大""数额特别巨大"。

关于诈骗罪的量刑标准,根据诈骗罪的相关处罚规定:行为人诈骗不足 4000 元的,基准刑为罚金刑;行为人诈骗 4000 元以上不足 5000 元的,基准刑为管制刑;行为人诈骗 5000 元的,基准刑为拘役三个月,每增加 1670 元,刑期增加一个月;行为人诈骗 10000 元的,基准刑为有期徒刑六个月,每增加 1000 元,刑期增加一个月。

欣赏把玩钱币,还是要纯粹一点。毕竟钱币有价,品德无价。

谁怕关山阻,戒骄戒躁

钱币投资与收藏是多学科组成的特殊学科。收藏爱好者与投资者除了要具备前文所描述的正确价值观外,日常投资与收藏中还应该注意以下事项:

(一) 忌骄傲自满

俗话说"人生自古最忌满,半贫半富半自安",钱币收藏的大忌就是骄傲自满。钱币市场高手如云,钱币世界琳琅满目,钱币品种成千上万。

样币、纪念币、地方铸币,币币璀璨,全部拥有绝非易事;孤品、绝品、完美品,枚枚炫目,收集齐全永无止境;名家、大家、资深玩家,家家藏丰,流传有序秘而不宣。

谦虚一点、低调一点、勤奋一点,在币海苍茫中不断精进。另外,还有一层含义,可以防贼惦记。

(二) 忌炫富露财

财不露白的意思是指随身携带的钱财不在别人面前显露。大多数的人都有"嫉妒"和"仇富"心理,嫉妒导致他不希望别人过得比他好,仇富导致他不希望别人比他有钱。看见别人比自己好、比自己有钱,就会感到不公平和不平衡,轻则发泄下情绪,重则产生报复心理。

所以,一旦有钱了,过得比别人好了,千万要藏住,千万别炫耀,否则就是为自己招祸。钱币收藏尤为如此,平时要注意钱币的拿放和保管,因为不当的拿放钱币不仅会导致钱币产生破坏性的包浆,更重要的是,频繁地显露钱币也容易导致钱币丢失,这就是为什么每场钱币交流会总会有人丢失钱币。财露了,大意疏忽遗失了有之,被人盯上了顺走了更有之。

(三) 忌一步登天

钱币收藏与鉴定,不是一朝一夕就能够轻易学会的,也不是一朝一夕就能收集齐全的。

钱币收藏要有目标、有计划、有阶段,要"风物长宜放眼量"。钱币纷繁浩瀚,品种极多。国内的、国外的,现代的、近代的、古代的,主币、辅币、纪念币,机制的、浇铸的、手工打制的……所以,投资收藏钱币,必须要根据自己的财力和爱好,分门别类设定阶段收藏目标,确保有节制、有选择性地收藏。

(四) 忌急于求成

和所有的投资领域一样,很多投资者抱着"一夜暴富"的投机心理进入,往往最后得不偿失。尤其是新人与普通收藏爱好者容易在钱币市场"吃瘪"。

掌握一定的钱币真伪辨别能力、品相与价格的把握能力是投资者的必修课与基本功。

隔行如隔山,如果你对钱币辨别常识一知半解或道听途说,就犹如盲人摸象,"学费"常交,上当受骗花冤枉钱。

这些经验的获得是需要日积月累的,一是可以向书本学习,购买专业钱币工具书系统学习。二是要从实践中学,多接触钱币实物,对照书本细心揣摩,认真分析。三是要向专家虚心请假,可以请有经验的前辈带教。四是要经常与藏友交流,互相切磋,共同提高。五是可以报名参加钱币专业鉴定培训课程,有机会考取钱币评级师等业内相关专业证照。

(五) 忌知假售假

近年来,由于钱币收藏大环境和钱币市场管理还不完善,市场诚信体系的缺失导致诚信问题突出。

在暴利的驱使下，钱币制假售假、知假售假行为盛行，社会反应强烈。知假售假行为绝对是道德品行的问题。轻则退货赔偿、流失客户、名誉扫地；重则触犯法律，面临牢狱之灾。钱币卖家应该对每一件卖出的钱币承担责任，售出的每一枚钱币都要经得起历史检验。不制假，不售假，童叟无欺，维护钱币人良好的形象。

"终身保真、包入盒、不入盒退货退款、上手不满意包退、三日犹豫期无条件退货"这些关键词应该成为每一个钱币卖家耳熟能详的金玉良言。这是承诺，这是信心，这是社会主义核心价值观的集中体现，这比太阳的光辉还温暖，这是钱币事业长久的必要保证，这是赢得客户信赖的基本保证。

（六）忌偏听故事

讲故事是许多卖家欺骗普通收藏者的一种常用手法。比如"祖传的""拆老房子的时候发现的""探宝偷偷探到的""家里碰到事急用钱""这枚币谁谁出1万我都没卖，就1万卖给你了""大家纷纷想要，便宜你了"之类的神乎其神的"故事"，诱导买家放松警惕。故事可以听，但不能偏听，要有自己的判断。

所以，普通收藏爱好者与投资者不仅要具备独立的判断能力，还要具备一定的真伪辨别、市场价格及品相把握的能力。

（七）忌贪图便宜

一位收藏名家说："别老想着撞着一个好东西发一笔横财。这是生活的一个乐趣，买这个东西获得经济上的好处，那是你的运气，不应该是你的追求。"这句话对钱币投资者尤其引以为戒。

另外，市场上不良商家对于伪品的售价一般比真品要低得多，因贪图便宜而上当的人不在少数，这一点必须引起注意。

（八）忌攻击同行

同行不是冤家，应是朋友。先有同行才有了收藏朋友圈，才有了钱币收藏市场。

钱币圈是每一个同行的组成，同行间可以拆借钱币，可以交流心得，可以合作共赢。假如没有同行，没有一个良性圈子，你的钱币生意该如何支撑，钱币事业该如何延续。

同行之间应良性竞争，不当的竞争行为只会令同行嗤之以鼻，直至在钱币市场寸步难行。另外，君子应当成人之美，不应落井下石。

2
钱币评级概述

今古长如白练飞，一条界破青山色。

——《庐山瀑布》〔唐〕·徐凝

"盛世收藏",又或许用"全民收藏"这个词来形容当下的收藏品市场,绝不为过。收藏终究跟经济有关,民众兜里有钱了,越来越多的民众才会纷纷涌入收藏品市场。所以,有新人就有老人,有买方就会有卖方,于是乎,在经济的推动下,新人老人、买卖双方各取所需,皆大欢喜。

内容精解

钱币评级是科学,也是一门广泛而又专门的学科。历经多年的发展、研究、传播与践行,已经逐渐获得广大钱币爱好者的推崇。

钱币评级,是三方保真的需要,是敬业诚信的宣示,是钱币品相的表达,是银元版别的指引,是科学保存的需求,是引领价值走向的风向标,是收藏代际文化的传承。

银元自入盒的那一刻起,价值就随之被确定。运行良好、内控严格、标准统一的评级企业往往具备深厚的社会公信力,其评定出来的级别与分数往往就意味着银元的市场价格,避免众说纷纭、人云亦云的主观臆断。

应用要诀

无论是谢尔顿评级标准,还是拥有我国自主知识产权的中式评级标准,无不涉及历史、人文、时代背景、物理、化学、经济价值、数据统计、审美、艺术,其背后产生的内在驱动力,令人着迷(图2-1)。

金标 吉帖 八仙庆寿　　　　　　　　　　　　银标 CSR AU58

图2-1　中式评级金标、银标视图

评级这项工作,需要行业内所有评级师的共同努力,需要所有评级企业坚守情怀的初心,不打价格战,杜绝人情分,坚守评级底线,坚守职业标准,严守职业道德,严控内部机制,以高度的责任心与情怀表达,去书写高尚的评级历程。

同时,由于原材料的原因,银元的保管与存放对外部环境的要求极高。在潮湿的环境中,容易生绿锈;在温和干燥的环境中,容易生彩浆;在酸性环境中,容易变黑;在碱性环境中,容易长土色或乳白色包浆。

此外,区域环境不同也会催生不一样的包浆,在华东上海,常出现色彩绚烂的弄堂彩;在西北地区,常出现浓郁淡雅的坑洞彩;在潮湿的环境里,南方容易长绿锈,北方容易生坑口,西部容易长黑斑。银元一旦保存不当,其包浆形成的结果实在无法预料。

经第三方评级公司鉴定过的银元,一旦入了盒子就代表了"与世隔绝"。其盒子与内圈通常是由特殊材料制成,可以有效做到经摔防潮抗震耐氧化,高清透明美观易把玩,加上后道工序的焊接工艺,盒子里

2.1 易求无价宝：求真

钱币收藏既然谓之收藏，易求无价宝都是每个藏家的心愿，但所有的收藏本身基本前提是一定要真。只有真品才有收藏意义，才能体现收藏价值。

花了大价钱买了自己心仪的一枚老银元，珍藏了若干年，却被行业专家鉴定为赝品，这个结果是无论如何不能接受的。这不仅会赔了钱财，还会影响生活情绪，影响钱币收藏的心态，甚至会影响夫妻关系，影响家庭和睦……不仅令人长吁短叹、嘲讽连连，也会令己垂头丧气、暗自神伤。

因此，保真是钱币交易、钱币收藏的先决条件。

保真服务是评级公司的底线，是基本的良知，是企业诚信的体现。一些品牌形象良好、社会责任心强、视承诺如生命的评级公司对假币入盒事件零容忍，而且提供保真理赔服务（图2-2）。

入盒前裸币图　　　　　　入盒后盒装图

图2-2　入盒前后对比图

2.2 若只如初见：品相

品相是钱币的灵魂，是价值体现的重要因素。或许你以前不相信一见钟情，但直至你遇到的那一刻，一定会在你眼中看到"斯币若彩虹，遇上方知有，他人不过如浮云"的怦然。

一枚未使用过的钱币与流通过的钱币，夸张点说，其价格相差十万八千里。以"袁大头"为例，一枚原光未流通级别的"袁大头"，与普通流通品相的"袁大头"相比，价格可能相差数十倍，甚至是上百倍。

经评级公司鉴定过的银元，历经多位资深评级师的严格鉴定，执行统一的谢尔顿评级标准或中式评级标准，将评级品相对应的等级和分数注明在标签上。

品相，终以等级和分数的方式得以呈现与确认，极大地方便了市场流通。无论你是钱币玩家、资深大家，抑或是钱币"小白"，首先你无须担心钱币的真伪，其次无须担心品相的好坏，也不必再拿个放大镜查找瑕疵，因为这些问题已经被挑剔的评级师们替你查看和规避了，无须你再次费心。你仅需确认个人喜好与钱币价格是否匹配即可。

诚然，一枚钱币的品相是综合因素造就的，可能包含包浆、压力、流通痕迹、底板状态、光泽度等，下面会逐一简要介绍。

【包浆】

包浆指的是钱币的旧气。

对于机制银元而言，一枚银元在漫长的历史长河中流转，因所处外部环境的变化而产生的自然氧化（硫化），其金属的性质、种类及所处的环境不同，包浆的颜色、性质、程度也不尽相同。

包浆是一个奇幻的概念，其产生的过程令人妙不可言，其幻化的色彩令人感慨万千，其形成的结果令人叹为观止。

包浆的形成非一日之功，往往需要历经数十年，乃至上百年。

多数的银元包浆均存在一定的锈迹，按我国自主知识产权中式评级标准中的关于美锈的定义，是指机制币与外部环境接触（水、氧气、二氧化碳、金属等物质）氧化（硫化）反应所产生的物质或结晶体。主要呈现的颜色有翠绿色、墨绿色、青绿色、褐色、烟灰色、朱砂色、绛红色、宝蓝色、黑色等。

近几年，钱币市场流行追求原汁原味的包浆，为了片面迎合评级公司所颁布的评级标准的需要，为了追求更高的钱币价格，催生了一个个人为造假包浆、人为养包浆的群体。

人为产生的包浆与自然形成的包浆还是有较大差别的。比如历经数十年且放置在温和干燥环境下的银元，其氧化的包浆肉眼可见是层次较深的五彩效果，彩色包浆极其牢固，令人心旷神怡。

而人为养成的假包浆可能是擦过了肥皂、上了碱水、过了酸、上了化学品，或有赖于光源刺激，又或者用了特制的钱币养护水。不管采用了哪种方法，其养成的包浆有一些共性的特征，比如包浆层次较浅，包浆不牢固，用手轻轻一擦即掉；比如包浆不自然，肉眼较容易辨别；比如包浆颜色不一样，人工后上的五彩包浆往往颜色可疑，呈现土黄色或者亮黄色。

在有经验的评级师面前或资深的钱币爱好者面前，这些人为产生的假包浆还是比较容易识别的（图2-3）。

真币真包浆：

孙像二十三年船洋

真币假包浆：

湖北省造光绪元宝

假币假包浆：

袁像九年精发版

北洋 34 年龙洋

图 2-3　银元真假包浆对比图

【压力】

钱币是一个国家或一个朝代的重要名片,代表着国家形象,对于近代机制币而言,压力是判断钱币品相的一个关键要素。

一枚打制深峻的钱币,从欣赏的角度,立体感更强,代表登峰造极的铸造工艺,由此而产生的钱币细节会令人赏心悦目。

比如,判断一枚北洋34年的龙洋压力是否充足的关键在于以下几点:

1. 首先要看龙面的额头是否饱满圆润。 饱满圆润的额头往往更加令人喜爱,其价值绝不是扁平瘪塌的额头可以相提并论的。

2. 看龙鳞是否突出。 打制深峻、鳞片突出、接口锋利的龙鳞,会令整条龙都栩栩如生。

3. 看英文字口是否挺拔。 挺拔的英文字口也会为钱币的整体形象和钱币价值锦上添花。

4. 看字面的汉字、满文是否坚挺。 文字都深打的钱币无疑令钱币品相产生更大吸引力。

5. 看币缘与币面的深度。 币缘即钱币的边缘,高耸的币缘更容易判别钱币的深打品质。

6. 最后看边齿的深度。 这是判别钱币深打与否的最后一道工序,深邃的边齿说明钱币的滚边工艺登峰造极,这是钱币压力充足的辅助表现。

一枚初铸的北洋龙往往可以具备上述的各个要点,这也是初铸的北洋龙比中后期模具铸造的北洋龙价格昂贵的原因。评级师更容易给初铸的北洋龙打出高分(图2-4)。

北洋34年龙洋深打效果图

北洋34年龙洋磨损图

图2-4 北洋34年龙洋压力与磨损对比图

【原光】

光泽度是衡量钱币原始光泽的程度,行业术语也称原光。

一枚机制银元在出厂状态时,其金属的光泽度令人炫目,金属的厚重感与钱币的高贵感瞬间喷涌而出。转动银元时如同滚滚车轮般闪烁,这是钱币最原始的光泽,这种光泽的来源是银元出厂前抛光后的钱币表面与光的折射产生的夹角,这种光泽也被广大藏友形象地称为"车轮光"。

这种出厂状态的钱币从品相而言,是完美的,是登峰造极的,也是广大藏友热衷的、喜爱的。

光泽度是钱币评级师重点关注的要素,是高分值钱币不可或缺的构成因素。

银元的光泽被称为"原光",原光的银元是指至今仍然带有出厂时的原始光泽的老银元。也有一些是氧化后的原光,其来自银元铸造时采用黄油脱模,银元表面在黄油的作用下氧化形成的浅褐色、微黄色或微蓝色的一层原有光泽。

原光的意义是衡量银元上等品级的标志,直接反映了银元的使用状况和磨损程度,与普通状态的银元相比,其价值有天壤之别。

原光可分为带原光、原光、纯原光三种等级。

带原光级是指银元表面留有部分原光,光泽可以转动,呈现的是弱光状态。

原光级是指银元表面的原光覆盖币面,转动时光泽较强,也叫银光浮现。

纯原光级是指银元表面的原光几乎未损,全部布满币面,银光闪现。转动时如同车辆在高速状态下,滚滚车轮附属的金属外圈所发出的光芒,光泽耀眼,处于完全未使用的原始状态,这是银光闪现的顶级状态(图2-5)。

炫目的、非人为的光泽度往往可以吸引评级师的眼球,博得评级师的好感,从而可以获得加分的机会。

除了原光银元被热捧外,近几年藏友们对原汁原味、自然生成的五彩光也是钟爱非常。五彩光是指钱币的金属元素在自然环境下经历岁月洗礼,因表面氧化(硫化)而产生的彩色包浆。其幻化的色彩令人拍案叫绝,在一边欣赏绚丽夺目的五彩光时,一边赞叹大自然的"鬼斧神工"。

五彩光纳入拥有我国自主知识产权的中式评级标准中,归属于五大系列中的炫彩序列。

随着中式评级标准被藏友们的广泛认可,五彩光的价值将会被进一步挖掘,这是一个充满审美、充满艺术、充满想象、向更高价值运行的一个地带。

银光弱现效果图:

孙像二十二年船洋

银光浮现效果图：

孙像二十二年船洋

银光闪现效果图：

孙像二十二年船洋

五彩光效果图：

孙像二十三年船洋

图 2-5　孙像船洋银光效果图

【流通痕迹】

流通痕迹是银元在使用、在流通环节下产生的痕迹。

银元在流通过程中,因其流通的频率、方式、作用、时间与过程不同,所产生的流通痕迹也不尽相同。流通痕迹是判别钱币品相的关键因素,也是钱币评级过程中分数的重要构成因素。

流通痕迹可以分为擦痕、划痕、磕碰、压伤、戳记、磨损等,这些痕迹是外来的,也是不可逆转的。

人为的干预、覆盖与修补往往会留下痕迹,有经验的评级师在专业工具的加持下还是能够发现蛛丝马迹。

流通痕迹会直接影响品相,因此价值也缩水严重。在钱币收藏圈,存在一定流通痕迹的币,被"鄙视"地称之为"通货"。为了进一步区分流通痕迹的轻重,商家为卖一个好价钱,有时也会"王婆自夸"地后缀一个形容词"通货好品"。

"通货"一词是一个相对的概念,每一个藏友也许对这个概念较难把握,却对这个"通货"的品相标准了如指掌,当然也不排除买卖双方交易时,买家为压低钱币价格,对钱币主观地、故意消极地评价"这个品相是通货,卖不到这个价的""通货品相,老板便宜一点""到不了 AU 状态,最多算通货好品"。

对于一些价值稍大的机制老银元,比如北洋、宣三、造总、江南等,因为流通领域广,流通时间长,其发行地与流通地往往是经济相对富庶地区,或处于政治中心,其流通痕迹非常广泛,有时一枚银元可以集合多种戳记、划痕、涂鸦刻画等。

一些币商为了攫取更大利益,以相对便宜的价格专门收购"通货"品相的打戳币,寻求外部技术"加工",即修补。通过修补后的钱币再养包浆或涂上包浆,以高价卖出,以此获取高额利润。

在我国东南部某省份,有一个地区专门从事老银元修补生意,其技师之专业,其工艺之精湛,其成品之完美,令人咋舌。修补后的老银元往往令新手无从辨别,行家老手有时也会跌落阴沟,各大评级公司纷纷中招,即使是头部评级公司也毫不例外。据一位不愿透露姓名的当地藏友分享,其修补技术由来已久,已成为当地的产业,是全国"闻名遐迩"的银元修补"胜地"。

修补技师专门从事修补事业,据说修补技术传内不传外。技师们历经数代言传身教与耳提面命,时至今日技艺越发成熟。

修补的原料采用的是报废老银元熔化后的银浆,或以老银链子、银簪子、老银条作为原料,与老铜按 90%、10% 进行配比熔化,使之化学配比及成分与待修补币完全一致,填补作业时相同的成分更容易融合,修补处与钱币表面高度融为一体,肉眼几乎无从识别。

一枚打戳银元通常经历整形、挖洞、填补、压紧、找平、精修、流通痕迹、包浆等近十道流程,数十道工序。工艺流程虽传统但不失水准,修补技艺令人称道,这对当前的钱币评级工作提出了新的要求和期待,评级企业与钱币评级师必须与时俱进。

一线经验丰富的评级师在专业工具的辅助下,辅以高度的责任心,往往能发现端倪,给予"98"或"修补"的鉴定意见(图 2-6)。

大清银币修补前后对比图:

修补前局部图　　　　　　　　修补后局部图

图 2-6　大清银币修补前后对比图

【底板】

银元的底板是一个宽泛的概念,主要指除凸起的文字和图案外的钱币表面(以"袁大头"为例,除人像面文字、头发与嘉禾面的嘉禾和面值外的钱币表面都归属于底板的范围)。

银元底板在出厂状态时多数呈现泛油光、底板细腻、表面平整的效果。其中,尤其以底板细腻为主要评价标准,一些币商描述银元底板细腻的状态形象且刻骨、如诗又如画,令人痴迷,由此产生无穷的购买欲望。比如"底板如同婴儿皮肤般细腻""丝绸般底板""如同一面镜子""镜面底板""平湖中的一轮圆月""大姑娘的脸"。

底板是钱币品相的又一要素,表面粗糙不平、伤痕严重、包浆不美观覆盖的底板状态,往往会被称为"通货"。

而相反的,表面无划痕、平整细腻干净的底板更容易获得评级师的青睐,往往会作为钱币品相整体打分的关键因素。

在谢尔顿评级标准中,MS级别的分数会对银元底板提出严格的要求。在中式评级标准中,对钱币状态而形成的数字表达中,也对底板提出了严格的要求,细腻平整干净、包浆自然且有序的底板往往可以获得评级师的加分机会(图2-7)。

底板细腻的江南省造甲辰龙洋   底板划伤的孙像开国纪念币

底板严重划伤的袁像十年局部图

图2-7 银元底板细腻与划伤对比图

【版别】

版别是钱币的生命。简而言之,版别是不同造币厂、不同时期生产、不同技师雕刻的模具而生产的币与币的区别。甚至,同一造币厂在不同时期生产的币或同一造币厂同时期生产但不同技师雕刻的模具,版别可能也不尽相同。

清末民国时期,社会金融管理秩序混乱,导致各省各地制造的银元图案参差不齐,而令流转到现在的银元版式众多,数量有多有少,价格有高有低,正因为此,反而构成了广大银元收藏爱好者的兴趣所在。对于收藏爱好者而言,版别的意义在于以下三点:

(一)从辨识的角度,版别的意义首先在于辨识真伪。

首先在机制银元的收藏中,版别防伪的功能非常明显,通常会以明显的特征或暗记表达出来,比如袁像三年"O"版大头、八年"竖点年"或"连口造背孕珠",江南龙洋戊戌"满文中心点"或"凹、凸眼龙",北洋34年"卷3旗4"或"开云",孙像开国纪念币"上、下五星""左右三花",二十三年船洋"六绳"等。

其次在于系统识别,比如袁像三年"O"版大头搭配"右勾芒","右勾芒"不一定标配"O"版,但"O"版一定标配"右勾芒"。如果你在一线市场中看到了"O"版没有标配"右勾芒",那要高度怀疑是一枚假币或者是一枚改刻币。当然除"右勾芒"这个特征外,还有头像、肩章、发丝、字体等其他特征容易识别(图2-8)。

图2-8 袁像三年"O"版大头

又比如八年"竖点年"背配"空心叶",嘉禾面的"空心叶"不一定标配"竖点年",但"竖点年"一定标配"空心叶"。如果你看到一枚"竖点年"并没有标配"空心叶",配的"实心叶",那要高度怀疑是一枚改刻币(图2-9)。

图2-9 袁像八年"竖点年"

最后在于区分责任,通过钱币上的主要特征或暗记区分版模,一旦产品质量出现问题,官方可以追查造币厂的承制责任,相当于现在的质量检查回溯。

(二) 从价值的角度,这是版别研究经久不衰的主要原因,版别的潜台词就是发行量。

发行量是钱币价值构成的重要因素,同样是"袁大头"三年,但天津造币厂生产的天津版"袁大头"与地方生产的福建版"袁大头",其价格相差可不是一点点,相同品相下,或许有着数十倍的差别(图2-10)。

袁像三年天津版

袁像三年福建版

图 2-10　袁像三年天津版与福建版对比图

从发行的年份上看,因其发行量或存世量的巨大差距,钱币的价格也有着质的区别。1905年发行的江南龙洋"乙巳"一元面值有63万余枚(数据来源:《江南龙洋图鉴》,陆荣泉主编),而比其早一年发行的"甲辰"由于民国初年又有加铸,数量庞大,故价格相差也不是一点点,相同品相下,价格相差可达十倍或数十倍。

同理,袁像三年"O"版大头、八年"竖点年"或"连口造背孕珠",北洋34年"卷3旗4"或"开云"等,这些具备一定版别特征的银元,其价格与普通版也是千差万别。说到底,还是发行量。

(三) 从收藏的角度,版别对于银元收藏爱好者充满诱惑。

版别的收集对于银元收藏爱好者谓之欲罢不能绝不为过,一心求全、追求圆满、尽善尽美是收藏的巅峰状态。"生命不息,征集不止",许多银元爱好者终其一生都未能收集齐一套某个系列、某个造币厂的银元版别,其精神令人赞叹,其结果令人唏嘘。

有人热爱江南龙洋,誓将江南龙洋从大到小、从主币到辅币的所有版别一网打尽。

有人偏爱北洋龙,希望能集齐一套中等品相的北洋系列龙洋。

有人喜欢"袁大头",从一开始进入收藏大军时就锁定"袁大头",坚持信念很多年,但除"袁大头"品相从普通品一轮又一轮替换与晋级到好品之外,集齐版别之路还是遥遥无期。

"币"漫漫其修远兮,吾将上下而求索。这句话将银元爱好者的心路历程诠释得淋漓尽致。

研究和探索版别是一个经久不衰的话题,但是由于银元制造的机密性、文字资料的缺乏性、版别划分的人为主观性,目前为止,尚无权威的、完整的、系统的、全面的版别资料。

近几年,随着一些银元收藏资深人士纷纷著书立说,银元版别及铸造史料逐步呈现在世人面前,但谓之全,还为时尚早。

《江南龙洋图鉴》主编陆荣泉先生也在该书再版后记中谦虚且诚恳地说,"说是要不留遗憾,但我深知,这是不可能的,做不到的。随着国内外同好对江南龙洋的研究日益深入,肯定会有新的品种、新的版别不断被发掘、发现"。

无论是采用谢尔顿评级标准,还是中式评级标准的评级公司,都要求评级师具备一定的版别识别能力,识别钱币版别往往可作为评级师识别钱币真伪后的第二项专业技能。因此,评级师需要具备广泛的钱币知识,具备丰富的钱币版别识别经验,需要具备过硬的钱币鉴定技能。

在评级实务中,识别版别是评级师在钱币评级流转环节重要的一项工作,在评级完成后,运营人员在缮制单证时,通常会将版别标注在标签上。

在钱币收藏热的当下,散户也成了推动评级业务的主力军,买到手的裸币第一时间安排代理送评,一旦入盒出分,欣喜异常。

另外,随着银元馈赠在人情往来中的流行,评级币既保真又保值,既安心又放心,欣赏、投资、传承尽相宜。

试想,在一个天朗气清、惠风和畅的午后,一壶清茶围坐三五知己,一色评级币次第有序展开,开启煮茶论银元的快意时光。在欢声笑语中聆听币的主人分享某一枚币的"前世今生"与离奇激荡的动人故事,去感受发现时的赞叹,追求时的坚定,付款时的心酸,到手后的欣喜,以及此时此刻的炫耀。在众人的啧啧称赞中,此时银元的直观可视、可触摸更加亲民,其价值感已远远超越币的价格,也无须担心欣赏裸币时唯恐拿放不慎掉落的紧张感。银光闪烁的银元透过特殊材料制成的高清透明盒子,在动人故事的映衬下,不由得熠熠生辉,相得益彰,精彩纷呈。人生快意如此,夫复何求!

3

银元上那些浓浓的中式元素

解落三秋叶，能开二月花。过江千尺浪，入竹万竿斜。

——《风》〔唐〕·李峤

3 银元上那些浓浓的中式元素

中式元素是指具有中国特色的元素，代表着五颜六色的传统审美与五彩缤纷的社会因素，是那个年代的中国特有的、重要的、不可或缺的元素。

钱币上中式元素的产生具有特定的历史意义，是中国特有的社会因素（墨印、醇记、帖纸）和自然因素（美锈、炫彩）在钱币表面的表达。

中式元素的客观存在，增加了银元的艺术审美、阅读即视感与文化属性，这是一种多元的集合，大大增加了银元收藏的魅力，体现了钱币文化的价值，这对赓续文化传承、提升文化自信、提高文化输出具有重要的意义。

墨印体现了深厚的徽墨工艺、书法艺术、空间艺术、美学欣赏、篆刻及金石水平，在具体表现上，包括空间布局、篆刻技巧、商号经营哲学与价值观、书法结构、字体形意、墨迹墨色、图腾花纹、古诗古词、吉祥语、个性合体字、大随意泼墨等，这些表达的背后有着耐人寻味的文化价值，这是一种中国式的文化符号。

醇记与墨印一样，是那个年代中国特殊的钱币流通印记，深具中国元素。其雕刻工艺、书法构造、空间艺术及文化价值一样耐人寻味。一些图形醇记的打制，不仅能起到一定的防伪作用，还具备一定的欣赏美学，也能表达中国人美好祝愿的意境，比如金钱图形。为表达浓厚的情感，那个年代的人将情感表达的内容手工打制在银元表面互赠给对方，银元的贵重与情感的厚重互相映衬，永恒流传，这是事件醇记的代表。

帖纸有着广泛的社会因素，在一些重要的场合及特殊的日子里，帖纸的存在可以起表达喜庆、彰显美好祝愿、体现纪念、烘托氛围等作用，比如"寿"字、"囍"字等。在民间的婚嫁习俗中，将帖纸贴在银元表面，将银元（"姻缘"的谐音）的美好寓意及贵重与喜庆的美好融于一体，永恒流传。银元在这个时候将承载着别具一格的情感寄托，赋予银元特殊的文化表达，这是一种中国式的钱币符号。

美锈的存在如同天开神秀，是上天赐给人间的水墨丹青。美锈是大自然赋予的特殊神彩，各具风采的自然锈色可以带来赏心悦目的欣赏价值。一些特定锈色（绿锈、蓝锈、朱砂锈等）还可以起到疗愈的作用，因此清新脱俗、五颜六色的银元世界不能缺少锈色的参与。从保护的角度出发，绿水青山的美好远胜于过度追求金山银山的短视。

炫彩的产生归属于自然因素，在恒温恒氧的室内，银离子所幻化出来的五彩斑斓的彩浆会让人心旷神怡，极具欣赏美学。炫彩是银元在"亲民"的环境下产生的，因此有着传世的意味。炫彩的产生是人们审美观念延伸与加强的结果，白花花的银元上需要多姿多彩的元素出现。

在银元的世界里，人们对中式元素的认知日渐丰富。在中式评级的版权定义里，银元主要包括墨印、醇记、吉帖、美锈、炫彩五个序列。

3.1 韵味无穷墨印

墨印，意为墨水印记，藏友称墨戳。具体来讲，它是指用不同颜色的墨水，比如黑、红、紫、蓝、白、烟灰等，在机制币表面加盖印记。

银元墨印特指旧时政府及指定机构、钱庄、票号、商字号、个人签名花押及民俗需要等，作为防伪、标注信用、记号、佐证、美好祝愿或作为广告宣传，在机制币表面加盖的特殊墨水印记。

内容精解

在中国传统印象中，印章和印记经常被用来表明忠诚和负责任的。

各种充满个性、内涵与艺术色彩的墨印精彩纷呈，如果说一枚银元敲盖一个墨印是基本配置，那么一枚银元敲盖多个墨印就是升级版了。一些商家为了彰显品牌形象,在敲盖完代表主形象的墨印后,还会敲盖代表价值观的辅助墨印,这些墨印通常较小且以单个字或图来呈现,这足以让人回味无穷(图3-1)。

双面墨印:

叠墨:

图 3-1　一枚银元加盖多墨印组图

除了商号的墨印外,个人签名画押的墨书也独具特色(图 3-2)。

忠

炳荣

胡旭明

图 3-2　个人签名画押墨书组图

墨印加盖的背后往往体现的是深厚的书法修为、金石水平、文化素养与美学涵养,故此在识别墨印的过程中不亚于一次历史考古和学术探究。

应用要诀

如同一件书画作品,画家为了最大程度地表达防伪、宣传、内涵与审美,往往会在画作上多处敲盖印记,这与加盖墨印是同一道理。

有的商家为了省事,在原商家的墨印上或空白处加盖自家的墨印,于是我们现在见到一些银元上有重叠墨印,或者多个墨印集中在一枚银元上也就不足为奇了。

银元上加盖墨印,翰墨飘香的墨印里蕴含着耐人寻味的书法与雕刻艺术,影响着一个时代。特别是在经济发达的江苏苏南、浙江、上海、江西、皖南等地区,墨印文化广泛流行。

墨书,藏友也称墨批,是那个年代中国特有的钱币流通文化,代表着广泛的信用佐证之意。墨书的呈现形式有文字、图案、符号,甚至有古怪的标志等,是墨书作者当时意识形态下的作品。

细看诸处好:墨印与墨书

墨印与墨书在银元的作用上有相同的意思表达,都含有信用佐证之意,但使用范围有着明显的区别。墨印主要是在商事行为中使用,代表着钱庄、商号广泛的商事行为,不仅起到信用佐证之用,还有作为广告宣传与美好祝愿之用。

墨印雕工精良,寓意深刻,内涵丰满,艺术色彩浓郁,代表着钱庄、商号的品牌形象。

据上海博物馆钱币研究员钱屿老师介绍,在民国早中期,商家在当天打烊后,账房先生和伙计要做一件事情,就是要整理白天收进来的银元。

他们把银元上面敲盖的别家的墨印清洗沥干后,盖上自家的墨印,以方便第二天兑付或采购结算款项时昭示自己信用所用。

如此颇费周章的清洗、沥干、敲盖,一是为了保真的信誉;二是有着广告宣传的需要;三是那个年代的人特好面子,自家出去的银元还盖着别家的墨印,从归属感及面子角度来讲,这也是令人无法接受的。

"去印不换"是商事行为及社会大众的普遍认知,意思是指,去掉我家墨印,银元的真假我就不保证了。反之,在墨印清晰齐全的情况下,若有人怀疑银元是假的,可以随时来换(兑)(图3-3)。

有 去印不换 　　　　　　　　　　永顺裕 去印不换

信 去印不换 　　　　　　　　　　江阴粮柜

3　银元上那些浓浓的中式元素

嘉定库六年三月

遂昌县署 民国十一年 征收处印

广信西街 钜康钱庄

兰溪水门 穗茂钱庄 二十年 春月

温州 王木亭 公通钱庄

昌 国宝源流

041

邵瑞昌 去印不换　　　　　　　　　　角直西汇 沈万顺 槽坊

图 3-3　墨印组图

而墨书则在民事行为中被广泛呈现,在具名确认、签名画押等场合下使用。个性化、随意性随处可见,有工整的文字(通常是姓和姓名),有代表特殊含义的图案(也只有当事人能说清图案的寓意),也有随意涂鸦之作的符号,还有一些特殊作用的图形和暗记(图3-4)。

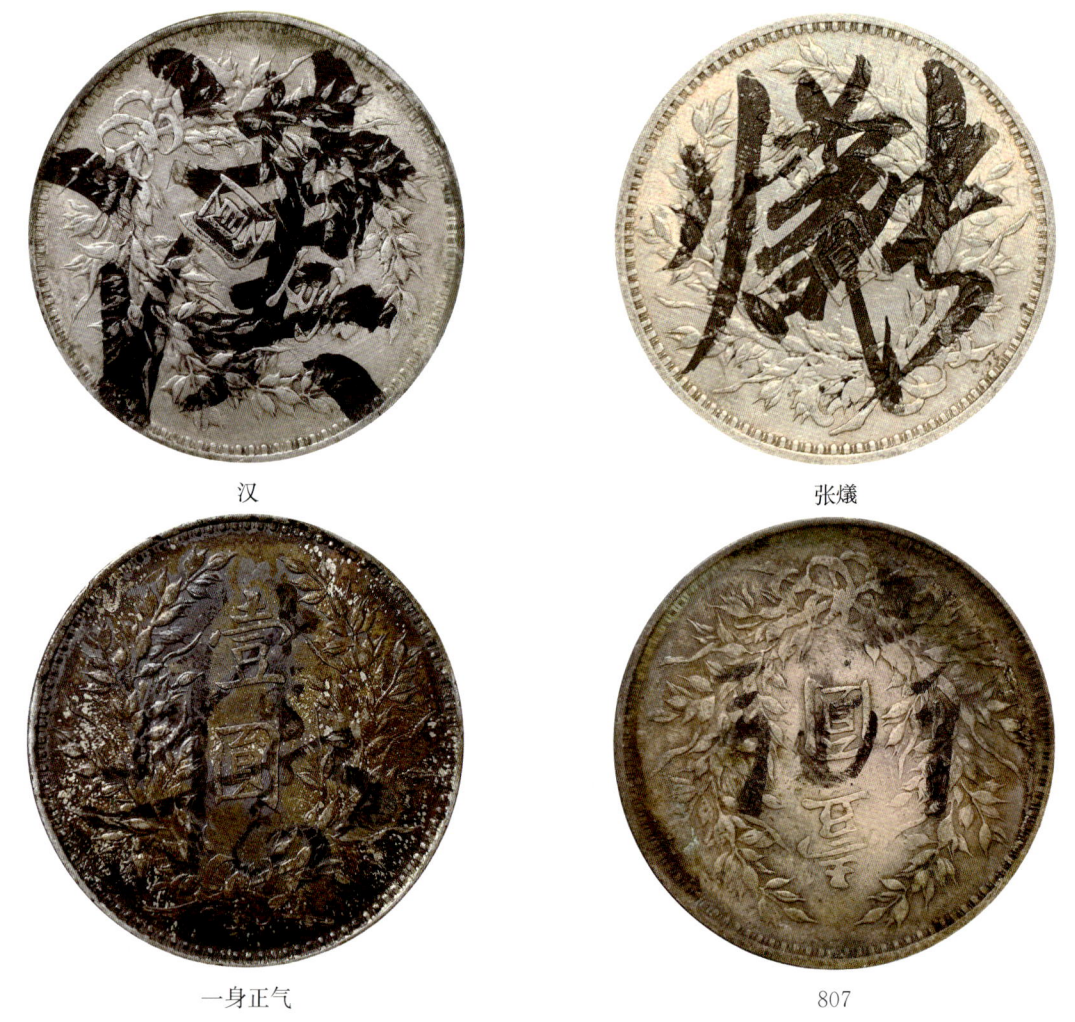

汉　　　　　　　　　　　　　　　　张爔

一身正气　　　　　　　　　　　　　807

画押

图 3-4　签名画押墨书组图（1）

　　账房先生或管账的主事将墨书文化发挥得淋漓尽致，工整的书法与规整的图案大多出自他们之手。那个年代的人尊师重教，识文断字的人受过良好教育，得到那个社会普遍的尊重。

　　地主家的账房先生与民事行为中（比如婚丧嫁娶、小孩满月、孩子高中、老人祝寿以及家族庆典）邀请的管账先生，在工作周期内结束工作，需要向主家报账，为了证明收进的银元都是自己鉴定过的真品，当时在银元上用毛笔墨书做记号非常流行。

　　这些管账的先生大多工于书法，书写风格与书法结构自成一派，非常容易识别。

　　此举向主家表明，所有收进的银元大可放心，我留下墨宝予以证明，如果有假，凭墨书我可以负责到底。这个习俗在民间广泛流行，风靡一时。

　　即使在电子支付相当发达的今天，在我国部分地区和偏远农村，人们依然习惯于在纸币上签名或做记号，用于采购生产与生活资料、缴纳学费等，虽然这一行为在现在是明令的违法行为。

　　墨书具有鲜明的时代意义，它的广泛存在一方面具有树立口碑、青史留名、刻碑列传之意，这在富商巨贾与乐善好施之士捐赠中常见。另一方面具有信誉佐证、表明出处、具名确认之意，这在账房先生、管账主事与普通百姓等民事行为中常见。

　　墨书与墨印一样，是银元社会价值与信用价值的延伸，更是那个年代社会信用体系建设的体现（图 3-5）。

胡旭明 　　　　　　我抒义

沈寿堂　　　　　　　　　　　　　　福海

增余　　　　　　　　　　　　　　　协

图 3-5　签名画押墨书组图（2）

就砚旋研墨：识别墨印

墨印与墨书同属于拥有我国自主知识产权的中式评级标准中的墨印序列，按中式评级标准进行评级和打分。

这些年，随着银元鉴赏的进一步升级，具备那个时代的中国特殊元素的墨印越发受到广大银元爱好者的青睐。

辨认识别、研究交流、收藏鉴赏墨印已成为银元收藏的一种趋势，逐渐由小众走向大众视野。

另外，墨印加盖的背后往往体现的是深厚的书法辨别能力、文化素养与艺术修为，因此能够识别墨印的藏友往往受人敬仰。墨印中常以文字搭配图案出现，常见的有楷书、篆书等，其中尤以篆书（铁线篆、玉箸篆等）最为常见。

在墨印文化的熏陶中，一些有识之士开始集藏、整理、汇总、分类，图文并茂，引经据典，研究成果令人赞叹，他们中不乏二十余年收藏银元的资深藏家，还有十年左右的中生代玩家，也有墨印新手。

这些墨印研究的先驱者将墨印序列勾勒出一张结构图，按墨印用途、地域、年代、文字、墨印形制、图案、颜色等进行分门别类,并附示例图片,辅以文字介绍,引导新手按图索骥,在墨印收藏圈广受好评。

为方便藏友直观了解,我们对这些墨印先驱者的研究成果进行采集,并结合中式评级数据库,以思维导图的形式呈现出来(图3-6)。

【实战】何处寄书得:如何识别新墨

辨识墨印的首要任务是辨识墨的新老,辨识墨的新老其首要前提是用了什么墨。松烟墨和油烟墨是那个年代的代表,砚台手工磨墨后书写是那个年代的标配动作。

"成品具有色泽黑润、坚而有光、入纸不晕、舐笔不胶、经久不退、馨香浓郁、防虫防蛀。"这是对(　　)的正确描述。

A. 湖笔　　　　　　B. 徽墨　　　　　　C. 宣纸　　　　　　D. 端砚

正确答案:B

试题中描写的是徽墨,其中最主要的就是松烟墨和油烟墨。

松烟墨,顾名思义是用松木烧出烟灰作原料所制出来的墨,其特点是墨色浓郁无光泽,价格相对便宜(图3-7)。

昌

坤

瑞记

急 救 丙寅四月

图3-7　松烟墨组图

油烟墨,顾名思义是以桐油、猪油、菜籽油、胡麻油等植物油燃烧后取其烟制作而成,其特点是墨色浓郁有光泽,价格相对较高(图3-8)。

孚通 雁万油坊 　　　　　　　　　　　景镇 李光大 去印不换

银 国宝源流 　　　　　　　　　　　寿赐

图 3-8　油烟墨组图

无论是松烟墨还是油烟墨,都具有以下共性的特征,记住这些特征,对辨识墨印新老深具意义:
1. 墨迹坚固。因添加胶质,经历百年,墨迹坚固,水冲手摸通常很难去掉。
2. 墨色乌黑。墨色是纯粹的乌黑色,即使添加了超量的清水,其晾干后的中心收缩处依然乌黑。
3. 颗粒粗糙。墨汁中含有细微的颗粒,这符合手工制作的物理学特质。
4. 翰墨飘香。为防虫蛀,墨块中通常会添加各种香料,所以"翰墨飘香"并非仅仅是一个形容词。

而现代墨汁的特征有:
1. 墨色容易消退:这是生产过程中胶和碳素融合不紧致所致。
2. 墨色呈现不均匀:人工合成的墨汁大多为各种材料勾兑而成,因此墨色不纯粹,在使用时还会出现晕化、跑墨等现象。而老墨是烟粉经过反复杵打而成。
3. 墨色欠浓郁:人工合成的廉价墨汁,墨色不纯粹,且欠浓郁。与乌黑浓郁的老墨有明显的区别,从肉眼上就能识别。

了解了基本特征,那么该如何辨别呢?(图3-9至图3-16皆为老墨印)

(一) 辨别用了什么墨

一些不法商家为了降低成本,缩短工艺周期,往往采用现代墨汁代替老墨。当我们掌握了松烟墨和油烟墨的基本特征后,就能很容易识别墨印的新老(图 3-9、图 3-10)。

松烟老墨一组

松烟墨 　　　　　　　　　　　　　松烟墨

图 3-9　松烟老墨一组

图 3-10　油烟老墨一组

（二）墨迹是否牢固

辨认识别新老墨印，要检查墨迹是否牢固。老墨因添加动物胶质，结构更为紧密，再历经百年岁月，墨迹更加坚固，平常的水冲、手摸很难去掉（图 3-11）。

图 3-11　结构紧致的老墨

而使用现代墨汁敲制的银元墨印,因原材料的问题导致碳素和胶质融合不紧密,容易褪色脱落。图3-12为碳素和胶质高度融合的老墨。

图 3-12 碳素和胶质高度融合的老墨

精于此道的一些不法商家采用百年老墨,研墨后敲盖在银元上,即使经历烤箱高温烘烤、灯光辅助加温等工序,急功近利形成的"成果"依然表现为墨迹不牢固,容易脱落。

（三）墨色是否均匀

那个年代的墨大多使用的是"十万杵",在墨块成型前,烟粉和胶质反复杵打,烟粉分布更为均匀。

均匀紧致的墨敲制在银元上,在胶质的作用下经年累月,墨色更加均匀持久(图3-13)。反之,墨色不均匀的首要判断是新墨。

图 3-13 手工研磨墨色均匀的老墨

（四）墨迹边缘过渡是否自然

历经百年的老墨印在环境的作用下,会呈现一定范围内的收缩,这是老墨具有活性的体现。这些变化是自然的,是圆润的,在收缩区域内的边缘通常存在一定程度的过渡痕迹(图3-14)。反之,墨迹过渡不自然或根本没有自然过渡的首要判断是新墨。

图 3-14 墨迹过渡均匀的老墨

（五）墨迹表面是否存在包浆

银元的包浆是长时间历经外部环境的刺激而生成的，这是银离子充满活性的表现。银光闪闪的银元敲上了墨印，在百年时间作用下，表面长出了包浆。

这时，银元、墨、包浆三者已经呈现出多层次的变化，浑然天成于一体。

银元的表面是墨印，墨印的表面是包浆，包浆长在墨印上，包浆是老的，那么墨印显然也是老的（图3-15）。反之，若发现墨印盖在包浆上，或包浆与墨印衔接不自然，或覆盖的是人工包浆，那么首要判断是新墨。

图 3-15 墨印和包浆浑然一体的老墨

一些不法商家即使采用百年老墨，研墨后敲盖在银元上，也会因包浆的问题留下破绽。

（六）墨迹纹饰图案是否符合时代特质

手工雕刻的印章充满个性，雕章师傅的技术独树一帜，纹饰图案整体规整，但细节随性。

那个年代的技师工于技术，因此墨印成品充满艺术性（图3-16）。如今，有些不法商家为简化程序而采用机器雕刻，墨印成品无论整体还是细节，都显得呆板浮华、无生气。

新的就是新的，它永远不是老的，除非再历经百年。

图 3-16　雕章工艺符合时代特色的老墨

3.2　意犹未尽醇记

醇记，也称钢戳，意为醇厚有加的历史钢戳印记，特指旧时钱庄、银行、票号、商字号作为防伪、标注信用和记号或作为广告宣传的，在机制币表面手工打制的特殊钢戳印记。

内容精解

醇记一词的使用，在中式评级标准中是特殊的称谓。

与炫彩、美绣等名词相比，往往不是直观的存在，大多数的中式元素爱好者都较难理解"醇记"的意思。

事实上，中式评级标准在申报国家版权的时候，该标准的持有人在此元素的命名上思忖了较长时间，考虑过若称为钢印、钢戳或许更加亲民。

可是，称为钢印、钢戳固然直观且容易理解，但缺少了艺术美，缺少了年轮韵味，更缺少了对那个时代特有元素的尊重。

在与多位中式元素爱好者的互动中，他征询了较多藏友的意见，最终确立"醇记"一词。用"醇厚有加的历史钢戳印记"来表述，走进民国，去感受那一段"醇厚有加"的独特钱币历史与文化。

应用要诀

醇记的作用多在于保真识别，多由旧时钱庄、银行、票号、商字号等錾凿完成。据考证，醇记更早于墨印出现，这主要是由于当时中国的软性图章（软章）还未普及。

而随着中国橡胶工业的兴起，墨印所采用的软章材质在生产生活中被广泛应用。同时，人们对于币面整体外观及完整性的重视，以致民国时期墨印比例远高于醇记。

无言谁会凭阑意：如何识别醇记

醇记，是指因某种目的而在银元上特意敲制、刻画的一种记号性质的留存，是那个时代中国特有的钱币元素。

银元上的醇记如同墨印（墨书）一样，二者共同构成了银元时代生活史的特殊记忆。银元的醇记可分为二大类：

一是按类别，大致可以分为三种。

一种是以铁、铜、钢等金属为材料的原制錾章在银元表面敲制的带框印章（图3-17）。

济森 　　　　　　　　　　　杨同福

罗顺兴 　　　　　　　　　　长发

恒

图 3-17　带框醇记组图

第二种是用錾凿工具直接在银元上敲制出的文字、图案及规整的不带框印章(图 3-18)。

山西夫子仙祖　　　　　　　梅花图形

金钱图形(1)　　　　　　　金钱图形(2)

053

元

图 3-18 文字、图案及不带框醇记组图

对于前两种类别所产生的醇记,观感相对理想,收藏价值不容小觑。

第三种是用錾凿工具在银元上敲制出的、杂乱无章的不带框文字和图案,这些主要集中在西班牙双柱银币、墨西哥鹰洋、日本贸易银元中。

在钱币收藏市场,这些杂乱无章的文字和图案会影响钱币的整体美感,带来银元本身的价值缩水。因此,醇记的观感决定银元的价值(图 3-19)。

图 3-19　打满戳记的银元组图

还有一种是采用硬质尖头工具在钱币表面手工刻画的、不规则的涂鸦记号及手工划痕,这类不归属于醇记序列。

二是按表现形式,也大致分为两类。

一是具可读性类,以文字、图案、中英文字、字母、数字等表现形式,这些占醇记之大多数(图3-20)。

文字 蒋 恒　　　　　　　　数字 2

太阳图形　　　　　　　　金钱图形

英文 PH 　　　　　　　　　　　　　字母 A

图 3-20　可读性醇记组图

二是无实质内涵类（包括可能是錾凿者认识的凿痕），如不规则的图案、涂鸦之作、验银痕迹等（图 3-21）。

无实质内涵 1 　　　　　　　　　　　　无实质内涵 2

除"宝祥"二字外无实质内涵

图 3-21　无实质内涵醇记组图

醇记本身的历史承载,在一定程度下,对其附加了收藏与鉴赏意义。

敲制美观、清晰及整体呈现优质观感的银元,往往可以获得增值。相反的,那些不规则的涂鸦记号则会让银元价值降低。

【实战】不枉东风吹客泪:如何识别新醇记

近几年,随着市场对醇记银元的认可,一些不法商家开始手工炮制醇记。

于是,一批批敲制"福禄寿喜"以及"商行"醇记银元纷纷登陆市场。手工打制的醇记银元识别起来较为容易,在有经验的资深玩家眼中无所遁形。

采用液压技术打制的新醇记单从肉眼角度已无法有效分辨新老,往往需要借助专业工具和设备。

新醇记的敲制工艺较为简单,通常或者大多数情况下是在有碍观瞻的打戳(如前文所描述不规则的图案、涂鸦之作、验银痕迹等)真银元上完成敲制,新戳掩盖老戳,以达到"偷梁换柱"与"变废为宝"的目的,一举两得。

敲制所需要的银元通常以"袁大头"、孙像开国纪念币、站洋等为主体。因鹰洋、坐洋等没有太大价值,通常用来做试验和初学练手,而龙洋等价值稍高的大多拿去修补了。

经过中式评级研究人员的深入调查研究,基本敲制流程如下:

第一步
- 仿照老钢戳印记或臆造钢戳,首先雕刻字模

第二步
- 字模是由刚性材料制成,可以通过淬火增加其硬度

第三步
- 在有碍观瞻的打戳(如前文所描述不规则的图案、涂鸦之作、验银痕迹等)真银元上敲制,新戳掩盖老戳

第四步
- 新戳印记痕迹做旧,看起来与老戳旧痕一致

第五步
- 批量流入市场

识别新醇记需要注意以下几点(图3-22至图3-26皆为老醇记):

1. 看字体。大多数仿制的字体立体感不强,整体较浮,而臆造的字体缺少美感。字体的间架结构搭配缺少协调感,不是那个时代应有的书法技术与雕刻工艺(图3-22)。

2. 看工艺。现在手工敲制的工艺因造假者敲制技术问题,不具备那个时代的工匠技艺,字口与底板通常深浅不一,细节处理不到位(图3-23)。

3. 看包浆。新醇记虽然有做旧工艺,但敲制后笔画之间、底板以及边坡呈现的银色还是很容易识别(图3-24)。

4. 看数量。同一个醇记呈现批量产品,且醇记形制与工艺一致,大概率是新的(图3-25)。

图 3-22　老文字醇记"祥"　　　　　　　　图 3-23　老文字醇记"德"

图 3-24　老文字醇记"宝 世 信 兴"　　　图 3-25　老文字醇记"秀"

5. 看痕迹。这需要专业人员借助专业设备和工具,参照作业流程来予以识别(图 3-26)。

图 3-26　老文字醇记"明昌"

拥有我国自主知识产权的中式评级标准作为中国特色元素坚定的保护者与传承者,不支持任何人为的因素改变,新醇记是无法以"醇记"系列标准来评级入盒的。

3.3 喜庆洋洋吉帖

吉帖,吉祥的帖纸,意为厚重中华元素代表的纪念与表达美好祝愿的吉语帖纸。它是指旧时婚嫁、祝寿、加官晋爵、鼓励学业、人情往来等诸事,为体现纪念及表达美好祝愿,贴在机制币表面的吉语帖纸。

内容精解

"忽如一夜春风来,千树万树梨花开。"这些年,随着银元收藏的持续升温,收藏爱好者对具备中式元素的银元情有独钟。而承载喜庆的帖纸收藏就在一夜之间,不知不觉地大红大紫。在市场价格方面,一枚贴有大红"囍"字的"袁大头",其价格远超"袁大头"本身数倍。

应用要诀

常见的帖纸有寿、喜等,也有大红纸满帖、局部帖,也见有在帖纸表面用毛笔墨水书写吉语,以单字和四字的墨书常见。

帖纸的颜色以红色为常见,偶尔也见绿帖。据钱屿先生介绍,绿帖主要集中在民国早期,在浙东宁波、绍兴一带,主要用以劝学激励、奖励成绩优异和学业有成的学子之用,由当地有名望的族长施行奖励。

另外,中式评级数据库中的一枚女性肖像帖纸引起了人们的兴趣。据考证,该帖纸为民国名媛严幼韵画像,但这枚帖纸的用途至今尚在考证中(图 3-27)。

八仙庆寿帖纸　　　　　　　　严幼韵画像帖纸

图 3-27　帖纸组图

来时相遇夕阳：鉴别吉帖

帖纸的存在为银元的社会价值书写了浓墨重彩的一笔。将银元作为特有的中国民俗，是钱币文化的延伸，是中式传统元素的重要组成部分。

在祝寿、婚嫁、劝学、民俗纪念等场合，银元作为高价值的货币或资产被当作礼金理所当然。或许因为其圆形结构，寓意着圆圆满满、和和美美；又或许因为其发音表达，是谐音"姻缘"的美好代名词。特别是在旧时的婚庆习俗中，银元既是价值贵重的礼物，也承载了家人、亲朋好友对新人圆满婚姻的祝福（图3-28）。

图 3-28 "囍"字帖纸

毕竟在中国人的认知中，无论是过去还是现在，讨口彩都代表着无与伦比的情感，是情感表达的最高境界。

无独有偶，在这个社会背景下，祝寿习俗的"寿"字以及含有特殊寓意的图形呈现在银元表面，在不同的场合也发挥着不同的效应（图3-29）。

图 3-29 "寿"字帖纸

质朴的人们总是将承载着浓浓情感的帖纸贴在银元表面，在双重价值的加持下，去深度表达美好祝愿（图 3-30）。

斑纹样式帖纸 　　　　　　　　　　　祥瑞图形帖纸

图 3-30 其他样式帖纸

一枚银元流转百年，真帖纸已在其表面存在了数十年，甚至百年。在岁月的作用下，帖纸的粗纤维贴面已与银元充分连接融为一体。粘贴用的米浆或糨糊氧化，带动着帖纸与银元一起氧化。在外部环境的作用下，包浆的层次感尤为突出，年轮感也因此非常明显。

现存的大多数老帖纸都存在保存不善而呈现的笔画断裂、部分或大部分缺失、颜色暗淡、帖纸上面的墨书不清楚等现象，因此品相完美的老帖纸相当少见，老帖纸银元的价格趋高也就不难理解了（图 3-31）。

图 3-31 断笔"囍"帖组图

某些不法商人为了牟取利益，人为添加帖纸。通过做旧、染色、上包浆等手法以假乱真、以新充老来获取暴利。其对于初学者而言，存在着一定的迷惑性。

【实战】半世浮萍随逝水：如何识别新帖纸

银元上常见的帖纸通常是以单个字体存在的，比如"囍"字，也有大红纸满帖，且通常用毛笔墨水书写吉语。那么如何辨识新帖纸以及帖纸上的新墨书呢？根据中式评级研究及鉴定经验，主要从以下几点进行辨识（图 3-32 至图 3-36 皆为老帖纸）：

一、看纸张：不同时期的纸张材质不太一样，生产出来的纸张也就不一样。现在的纸质更加光洁，柔软度及延展性不如以前。这是判别新老帖纸的最主要因素（图 3-32）。

图 3-32 祥瑞图形老帖纸

二、看风格：帖纸的书写或裁剪风格不一样。现代帖纸的书写或裁剪风格更具现代化，缺少艺术美和那个时代独有的特征（图 3-33）。

图 3-33 "寿"字老帖纸

三、看痕迹：老帖纸至少流传几十年，流通痕迹自然，包浆与银元表面融为一体（图 3-34）；新帖纸大多时间不长，虽有人为做旧痕迹，但包浆浮浅无着力，帖纸氧化不自然。

图 3-34　方形老帖纸

四、看细节：主要是看痕迹，老帖纸至少存在几十年，粘贴用的米浆或糨糊也存在了几十年，历经岁月风干，帖纸与糨糊存在一定程度的收缩。这些收缩的细节痕迹出现在银元的币面上，留下一条条自然氧化的包浆（图 3-35）。

通过仔细观察老帖纸上每一笔的笔画就能看出这一层收缩而产生的氧化包浆，这些包浆具有几十年的年轮，这是新帖纸无论如何也做不到的。

图 3-35　"囍"字老帖纸

五、看帖纸上的墨书：帖纸上的墨书通常是一个字和四个字。墨书可以体现那个时代文人特有的毛笔功底，这与直接写在银元上的墨书异曲同工（图 3-36）。

大多数的现代人对毛笔的记忆所存不多，因此写出的毛笔字自然不是一个等级。

当然，造假者在巨大利益的诱惑下，不惜聘请毛笔书法功底过硬的人书写，但这些很难通过镜检以及有关痕迹检查。

另外，在墨书使用的墨汁（主要区别是手工砚台磨墨，还是现代墨汁）、墨书的流通痕迹（主要检查墨书的流通磨损）、墨书与包浆的连接（主要检查墨书的自然氧化）、墨书与纸张的衔接（主要衡量墨书与纸张的自然氧化是否一致）等方面，会给造假者带来较大麻烦，因为这些方面在有经验的评级师面前会存在

图 3-36 "八仙庆寿"老帖纸

明显破绽。

如同中式评级的数据库中关于吉帖序列的评级说明"贴纸、贴面、钱币表面痕迹吻合,通过到代认证环节"一样,中式评级的评级师们会通过以上三个点的痕迹是否一致来判别帖纸真伪,即使是采用老帖纸张贴,但仍然无法躲过技术性和科学性等方面的筛查。

拥有我国自主知识产权的中式评级标准作为中国特色元素坚定的保护者与传承者,不支持任何人为的因素改变,新帖纸是无法以"吉帖"系列标准来评级入盒的。

3.4 令人神往美锈

美锈是指机制币和外部环境接触,与水和气体(氧气、二氧化碳等)、金属(铜、铁等)、不同的土壤环境(酸、碱)等发生自然氧化反应所产生的物质或结晶体。

美锈的颜色有翠绿、墨绿、青绿、蓝绿、浅蓝、天蓝、深蓝、蔚蓝、淡红、深红、绛红、暗红、铁锈红、朱砂红、石灰、银灰、烟灰、墨灰、土黄、麻黄、褐色、烟黑、灰黑、炭黑等,以及包含上述颜色的混色与综合,莫衷一是,千变万化。

内容精解

锈迹是大自然的恩赐,是在历史年轮中自然形成的包浆,人为的清洗是不明智的,也是在打破自然法则。洗得白花花的银元始终缺少韵味,也容易造成审美疲劳。

试想一下,如果有一天你收藏的所有银元色彩都是千篇一律的白花花,那收藏的本身该是多单调的一件事情。这样的收藏注定是无法传承的,至少是不具备艺术欣赏价值的。

对于严重影响观瞻的锈迹,如果适当的清理能够增加令人神往的效果,往往也可以获得一些藏友们的支持。

应用要诀

能够称为美锈,其基本定义是锈迹一定要美,且符合人们对于色彩的审美。

翠绿的锈色能带来清新与自由;墨绿的锈色能带来希望与安全;蓝色的锈迹代表轻快与安静;红色的锈迹代表热情与豪放;橙色的锈迹通常属于炫彩系列,代表时尚与快乐;紫色的锈迹代表梦幻与高贵;而黑色的锈迹代表的则是寂静与严肃,拥有让人一探究竟的神秘之感。

但凡事过犹不及,过度的锈迹以及杂乱无章的锈迹如果让人产生不适的效果,这是无法吻合人们对于美锈的期待的。

聊共引离尊:识得美锈

美锈的存在如同天开神秀,是大自然赋予的特殊神采。

美锈的存在当下布满孤独、争议、风险与机遇。

从传承与保护的角度,绿水青山的美好远胜于过度追求金山银山的短视——这个角度的认知迫在眉睫。但从经济利益出发,清洗后的"搏分"赌性所带来的巨大收益让人们欲罢不能。

在不同的自然环境下,银元产生的锈色也不尽相同。银元锈色大致可以分为六大类:绿锈系列(碱式碳酸铜)、红锈系列(氧化亚铜)、朱砂红系列(四氧化三铅)、蓝色系列(五水硫酸铜)、黑锈系列(氧化铜)、灰白锈系列(氧化锡)。其中,前四项较为常见。黑锈多见于新疆钱币,而灰白锈则相对少见(图3-37)。

绿锈　　　　　　　　　　红锈

朱砂锈　　　　　　　　　蓝锈

黑锈　　　　　　　　　　　　　　灰白锈

图 3-37　不同颜色的锈色组图

钱币市场上常见有洗银水专门除锈,绿锈红锈通常易于清理,但黑锈深浸底板,很难清理。

人类的审美是多元的,收藏如是,银元也如是。

这就如同前文所描述的一样,自然界的色标中有赤、橙、黄、绿、青、蓝、紫。七彩缤纷的银元世界更能提升艺术欣赏的品位,这是银元本身存在的欣赏价值。

这些年,在一些有识之士的影响下,银元收藏逐渐回归理性、逐渐回归原汁原味,一味地评级"搏分"行为及风气逐渐调整。

特别是随着中式评级标准的出台,对中式元素的锈迹是一种保护,也对银元的欣赏价值产生深远的影响。

在评级实务中,中式评级的研究人员依据美锈的自然表达,将常见的锈色按类别编成色谱。

【实战】多少蓬莱旧事:如何识别人工锈

人工锈在银元真币上比较少见,通常出现在假币上。毕竟当下流行的是如何清理锈迹,而不是人工上锈。

人工上锈在真银元上通常表现为掩盖,即银元表面有伤痕或戳记。

一些不法商家采用涂抹的方法将伤痕或戳记掩盖,以为可以造成锈和银元长在一起的假象,以次充好,以此获取利益。

这种方法有时做得很成功,没有鉴定经验的人无法用肉眼辨别真伪。在专业的钱币评级公司,这些掩盖逃不过评级师的法眼,在鉴定工具的加持下很快便露出端倪。

因此,这种人工锈的方法目前是过时的,已逐渐被不法商家所抛弃,取而代之的是先进行修补后上包浆,各种造假行为令人防不胜防。

识别人工锈需要注意以下三点(图 3-38 至图 3-40 皆为天然锈色):

1. 从整体看锈色是否一致:将银元置于自然光下,看整体锈色是否自然一致,不一致的锈色则大概率是人工包浆(图 3-38)。

图 3-38 锈色一致组图

2. 从局部看锈色是否协调:将视线与银元币面保持在同一平行线上,看币面的锈色是否突兀地隆起。突兀的包浆则有人工包浆掩盖的可能。另外,看局部锈色是否与其他部位锈色协调,不协调的部位则大概率是人工包浆掩盖(图 3-39)。

图 3-39　锈色协调组图

3. 看锈色的质地：天然锈色结构紧致，质地牢固，层次分明，延展合理，一切浑然天成（图 3-40）。

图 3-40　锈色质地牢固组图

在初级的包浆造假中，一些不法商人采用胶水、油污等黏质，涂抹在银元表面有伤的部位，再覆盖诸如泥巴、草灰等物质，瞒天过海，以次充好。

因成分间的不兼容，这种锈色通常可疑。在辨别实务中，可用牙签、大头钉等尖物件，轻轻地或挑或刮，柔软的则被剥离，坚硬的则有胶质簌簌掉落，这种胶质就是胶水沥干后与泥巴、草灰等的混合物。

还有不法商家深谙锈色的组成与"排异反应"，他们为了追求锈色的高度统一，采取将同一枚银元的币面相同锈色刮下来进行填补作业的方式，即将同一枚银元其他部位的相同包浆刮下来，填补到有伤的部位，以达到锈色高度统一。这种作业方式杀伤力指数相当高。这就如同人体植皮一样，同属于同一人体组织，没有"排异反应"，或"排异反应"几可忽略。因此辨识起来相当艰难。

然而，随着鉴别技术的日益成熟，特别是通过实验室相关测试来鉴别美锈真伪的技术日趋成熟，人工假锈是无法通过实验室的相关测定的。

拥有我国自主知识产权的中式评级标准作为中国特色元素坚定的保护者与传承者，不支持任何人为的因素改变，人工锈以及不法的包浆掩盖是无法以"美锈"系列标准来进行评级的。

3.5 赏心悦目炫彩

炫彩，也可称为五彩、幻彩、酱彩、黑彩，意为五彩斑斓的、五彩缤纷的、五光十色的、霞光万道的包浆，是机制币的金属元素在钱币表面接触外部环境发生硫化（氧化）反应后而产生的令人赏心悦目的包浆。

非人为的、自然的、客观的、五彩斑斓的色彩呈现，是炫彩定义的基本要求。

内容精解

炫彩的形成是一个奇妙的过程。在恒温恒氧以及适宜于人类居住的环境下，历经漫长的岁月，银元的表面渐渐形成五彩缤纷的包浆。

包浆的生成是有层次的，是有质感的，也是有年轮的。

应用要诀

据业内人士介绍，五彩包浆的颜色取决于硫化银的厚度：50 nm 厚的硫化银呈黄色；110 nm 厚的硫化银呈蓝色；再厚便呈黑色，这也是硫化银的终极颜色。

而金色、红色和紫色包浆的硫化银则介于黄色和蓝色之间。另外，不同颜色的硫化银混合后可能产生其他颜色，如黄色和蓝色混合后会产生绿色。

炼成变化无穷：辨识炫彩

银元的存放环境决定了炫彩包浆的色彩、层次与面积。如江南地区普遍流行婚嫁"压箱底"，在此状态下的银元如果是单一存放的，那么其氧化的层级与面积大概率是全面的，即通体炫彩，色彩较为均匀，颜色的层次变化不大；如果是圆柱形叠放的，那么第一枚和最后一枚大体上通体炫彩，而中间的银元则大概率是从半圆形渐次到月牙形的变化，色彩也呈渐变色（图 3-41）。

3　银元上那些浓浓的中式元素

淡彩氧化　　　　　　　　　　　局部彩

环彩　　　　　　　　　　　　　典型弄堂彩

杏黄彩　　　　　　　　　　　　落日彩

蟹壳彩 　　　　　　　　　　 枫叶彩

红杉彩 　　　　　　　　　　 酱油彩

老酱彩 　　　　　　　　　　 坑洞彩

图 3-41　不同程度的炫彩组图

民国时期的上海,是远东地区最大的经济中心。

"十里洋场"不仅是冒险家的乐园,也是平头百姓收入相对较高的地区。

这里拥有得天独厚的自然条件,气候宜人,年平均气温 20℃左右,空气湿润,环境优越,名人辈出。

大户人家生活相对富庶,通常会有结余。就这样,出厂状态下原卷的银元、较少流通状态的银元才得以大量保存下来。

如同人们特别青睐恒温恒氧恒湿的居住环境一样,银元在与人共居的室内往往更容易获得色彩上最佳的表达。

在时间的温柔抚摸下,银元孕育出梦幻般的迷人色彩。

这里的家传银元通常能够呈现霞光万丈、五彩斑斓的效果,令人欣喜着迷,令人拍案叫绝,藏友口中的"弄堂彩"大多出现在这里。

幻化的色彩总是让人赞叹大自然的鬼斧神工,其价值也因人们审美的需要而水涨船高。

最近几年,喧嚣的钱币市场逐渐回归理性,回归原始,回归原汁原味。

在大众需求下,令人赏心悦目的炫彩币其价格比原光币还要高。毕竟,人们对于美好的事物总是心生向往。

中式元素的炫彩包浆是独立的存在。中式评级的研究人员经过深度探索及研究后,将炫彩生成一个独立的评级体系,成系列后的炫彩包浆从以下三种不同的角度进行分类。

一、按炫彩的种类分,可以分成弄堂彩、坑洞彩,其中弄堂彩又可以形象地细分为杏黄彩、落日彩、蟹壳彩、枫叶彩、红衫彩、酱油彩、老酱彩等(图 3-42)。

杏黄

落日

蟹壳

枫叶

红杉

酱油

图 3-42 弄堂彩实景细分组图

二、按炫彩的深浅及程度,炫彩可以分为淡彩、深彩、浓彩、酱红彩及老酱彩等(图 3-43)。

075

淡彩　　　　　　　　　　　深彩

浓彩　　　　　　　　　　　酱红彩

老酱彩

图 3-43　炫彩深浅组图

三、按包浆的面积占比，炫彩可分为月牙彩、局部彩、环彩、全彩（图3-44）。

月牙彩

局部彩

环彩

全彩

图 3-44　炫彩面积占比组图

【实战】暗喜春红依旧：识别人工五彩

人工五彩总是以急功近利的方式存在。真五彩的生成需要经历漫长的岁月变迁。

天南地北的区域差异让真五彩无法具备统一性，而一些不法商家的假五彩则可以一夜之间实现。因其彩色过于单一，所以区别假彩还是较为容易的。

中式评级的研究人员介绍说，识别假五彩的最佳办法如同看币的真伪，就是要多看真五彩，当你看了一千枚真五彩币的时候，假五彩自然一眼识别。

人造五彩呈现的包浆色泽艳丽、突兀、浅薄、松散、杂乱、易清除，包浆没有层次感，看上去有种"浮于表面"的不实在感，而真五彩的氧化膜有一层一层由浅及深的渐进过程，富有层次感（图 3-45）。

自然氧化的老五彩包浆图：

3　银元上那些浓浓的中式元素

图 3-45　自然氧化的炫彩组图

  实验证明,用洗银水洗过的银元放置在阳光下,通过阳光的暴晒,在很短的时间里也能获得一簇簇、浅浅的、土黄色的包浆,这种包浆看上去很假,且容易作假。用高锰酸钾兑上一定比例的热水,将银元放置其中半小时也能获得比较理想的彩色包浆。另外,经硫磺肥皂水浸泡也能获得一定程度的彩色包浆,这是最近几年所流行的成本最低的假五彩技术。

  拥有我国自主知识产权的中式评级标准作为中国特色元素坚定的保护者与传承者,不支持任何人为的因素改变,人工五彩是无法以"炫彩"系列标准来进行评级的。

ized) # 4

机制币鉴定评级
原理与实务

千淘万漉虽辛苦,吹尽狂沙始到金。

——《浪淘沙·其八》〔唐〕·刘禹锡

4.1 一枚评级钱币的流转

对于鉴定评级,这是两个环节的事情,先有鉴定环节,即首要环节要确定真伪,后进入评级环节。

一枚机制币在鉴定评级过程中,从客服传递到第一位评级师手中,就开启了"童话般"的奇幻经历。

经历了真伪、品相、包浆、压力、光泽度、流通痕迹、底板状态、版别、人为因素(如修补和包浆掩盖)等九道工序的流转后,评级师会给出评级意见(图4-1)。

图 4-1 墨印组在工作

这是一位评级师工作内容的日常,采用共识评级法与平均评级法的评级公司,往往需要多位评级师给予评级意见。

钱币评级是一门精细科学,也是一门广泛而又专业的学科。历经多年的发展、研究、传播与践行,已经逐渐被广大钱币爱好者所推崇。无论是美式"谢尔顿"标准,还是拥有我国自主知识产权的中式评级标准——无不涉及历史、人文、时代背景、物理、化学、经济价值、数据统计、审美、艺术等方面;涵盖品类之盛,包含学科之丰,令人赞叹而又触手可及,令人尊重而又任重道远。

这需要行业内所有评级参与者的共同努力,需要所有评级企业坚守情怀的初心。坚守评级底线、坚守职业标准、严守职业道德、严控内部机制,以高度的责任心与情怀表达,去书写高尚的评级历程。

钱币评级,是三方保真的基本需要,是敬业诚信的内在宣示,是钱币品相的深度表达,是银元版别的精准指引,是科学保存的客观需求,是引领价值走向的风向标,是收藏代际文化的传承。

假如银元有生命,那么这段奇幻的"漂流"经历会在其生命历程中留下浓墨重彩的一笔。

这就如同现代社会的体检流程,为了做一个全面的健康检查,你得先去挂号交费,然后去找对应的科室医生。医生通过初步检查给予诊疗建议,进一步的检查需要影像科(比如B超、CT、内窥镜检查等)、检验科(比如体液、血液检查)、病理科介入,待多方数据汇合整理出来后,必要时需要多学科会诊(MDT)。结合这些基本数据,经过专家们的一致讨论,最终呈现出本次检查结论以及诊疗方案。

在评级公司内部的流转中,这枚钱币就是"众星捧月"般的焦点。它会吸引众多的目光关注,评级师们会对该枚币投以专注的审视。被"望闻问切",被"辩证探讨",最终在"专家会诊"下给予确定的结果。

关于一枚币在评级过程中,能够引发评级师间的"激烈"争论,这是专业且专注的常态。争论的焦点主要出现在真伪、品相把握以及人为因素判别的环节。

评级流转简要流程(图4-2)

客户送评	客服确认	运营拍照	开始评级	缮制单证	系统录入	质量检查	计费发还
填写清单发货送评 ①	收货确认登记入库 ②	留存细图录入数据 ③	评级流转确定结果 ④	标签打印初检封装 ⑤	上传数据数据再检 ⑥	数据终检审计确认 ⑦	计算费用发还客户 ⑧

图 4-2 评级流转简要流程图

4.2 真伪判别

判别钱币真假是钱币评级师的基本能力，是第一步工作，也是最重要的工作。一名钱币评级师判别钱币真伪的能力将直接影响到所服务的企业综合竞争力。

假币技术

造假者自古有之。在利益的推动下，造假技术刷出新高度。特别是近几年，采用老料（老银、老铜）按成分含量进行等量配比。同时，用先进的液压技术造出来的假币几乎可以达到以假乱真的效果。无论是声音、银色、底板、压力等，都需要引起我们的警惕。

最近几十年间，银元的造假技术大概经历以下三个阶段：

第一阶段：采用浇铸技术。20世纪70年代至21世纪初被广泛采用，几乎没有迷惑性。主要特征为底板不平、有砂眼、图案模糊，完全缺少机制压力，材料以铅、锡等废料为主，不含银（图4-3）。

图 4-3 第一代假币

第二阶段：采用电子影像扫描＋电火花雕刻＋冲压技术。该技术兴起于21世纪初，至今仍然存在，迷惑性不强。主要特征为图案呆板、银色不正，无论字口、图案等压力不足，材料采用的是电解银与其他金属配方，属真银假币（图4-4）。

图 4-4　第二代假币

第三阶段：采用电火花雕刻技术＋液压技术。从2015年开始出现，至今仍存在。采用老银元材质，将废品老银元熔化后作为原始材料生产铸造的高级精仿币，有较强的迷惑性。主要特征为包浆虚浮不牢，缺少"一眼开门"的流通痕迹，底板不平整，压力不均匀（图4-5）。

图 4-5　第三代假币

假币入盒的危害

假币的存在是客观的，假币入盒事件也是客观存在的。具备良好公信力的评级公司，其认证过的钱币从某种程度上赋予钱币一种额外的加持。于是在钱币爱好者大脑里已经形成思维定势，入盒就是真币，持有者无需担心钱币的真伪，也不需要懂钱币，交易时双方的所有风险也都会转嫁给评级机构，所谓的"盒子币售出不退"或许是当下普遍的共识。

这种情形下，一旦假币入盒，钱币持有者对评级公司的信任感将会降低，心理期待受到影响，客户忠诚度与评级需求受到挑战。

而对评级企业而言，假币入盒是原则性的错误，但又令人防不胜防。一方面，"错误"会暴露出评级师专业上的短板；另一方面，会给评级企业的稳健经营埋下隐患。

特别是批量入盒的假币，不仅会给评级企业带来经济上的赔付，更重要的是给企业品牌和声誉带来负面影响。

一枚钱币的评级费与市场价格差距实在太大，高频率的赔付必定影响评级企业的稳健经营与良性发展。这就需要评级师有过硬的鉴定技术，不断提高去伪存真的眼力、与时俱进的专业能力，降低假币入盒的概率。

如何精准地辨别真伪？

一位拥有卓越技能的评级师在面对一枚银元的真伪时，可能在"电光火石"间已经完成了这枚银元真伪的判定。这个"电光火石"的描述并非夸张，它是我们时下俗称的"一眼法"，这个"一眼法"的背后，其实质是经历了千万枚样本数据、千万次细致观察所总结出来的经验。

这些历经千万次锤炼而得出的经验，单靠文字表述、语言描述是远远不够的。

"子将隐矣，强为我著书。"那么在鉴定实务中如何辨别真伪？有没有可以借鉴的诀窍？有没有具体的辨别思路？是否可以将经验尽可能地记录下来？

这些都是很好的问题，是推动我们下定决心去认真做的事情。

经过整理，辨别银元真伪需要遵循"六看一听"要诀。

六看一听：

【看压力】

国家造币厂的铸造工艺、设备和成本通常是造假者的小作坊难以比拟的。

钱币代表着国家形象——真币呈现的打制深峻、压力充足、立体感强的神韵与质感令人赞叹。而假币很难实现与真币一样的神韵与质感。

袁像各年份真、假银元的压力对比见图4-6至图4-9。

袁像三年（真）：

袁像三年（假）：

图 4-6　袁像三年真假对比图

袁像八年（真）：

袁像八年（假）：

图 4-7　袁像八年真假对比图

袁像九年（真）：

袁像九年（假）：

图4-8　袁像九年真假对比图

袁像十年（真）：

袁像十年（假）：

图 4-9 袁像十年真假对比图

银元的压力是如何形成的呢？银元的压力包含正反两面，是银胚被二面印花模具在百余吨的压力下一次成型的。重压之下，所铸银元的压力必然是深峻充足的、密度均匀的、立体感强的。

不可忽略的是，当年的印花模具均由造币厂根据政府颁发的祖模雕刻的，这种模具为人工或半人工刀具精雕细刻而来。

故现代的银元造假工艺，首先要解决印花模具的问题。哪还能找到当年原厂的模具呢？自然是找不着了。即使找着了原厂的模具，但历经岁月沧桑，这些模具自然也无法再使用。

那么造假者该如何解决模具的问题呢？答案很简单，寻找一枚品相较好的真品银元，运用电子影像扫描和电火花开模等现代技术，根据这枚银元图案翻刻出模具，再用这套模具生产银元。

故假银元成品整体虚浮，人像、字口、龙鳞、花枝、内齿、嘉禾、边齿等诸多细节与真品相差甚远，这就是俗称压力不足的表现。

这就如同照相，真人就是原始模具，相片是银元产品。而依据原始相片再次翻拍的照片，无论从真实度、清晰度以及感官都会与真人相差甚远是同一道理。

其他常见真、假银元的压力对比见图 4-10 至图 4-12。

孙像开国纪念币（真）：

孙像开国纪念币(假)：

图 4-10 孙像开国纪念币真假对比图

大清银币(真)：

大清银币(假)：

图 4-11 大清银币真假对比图

北洋 34 年长尾龙(真)：

北洋 34 年长尾龙(假)：

图 4-12　北洋 34 年长尾龙真假对比图

根据流通过的真品银元雕刻出来的模具,即使采用更为先进的液压技术,压力和神韵也都无法与真银元比拟,且缺少人间烟火气,真可谓"父子"相继为一代,一代更比一代差。

【看底板】

广义的底板是指一枚银元的整个币面；狭义的底板是指银元表面去除凸起的文字、图案后,所呈现的一片或多片平整区域。

银元的底板也包含正反两面,是银胚被二面印花模具在百余吨的压力下一次成型的。所以银元的二面底板应该是整齐划一的、平整平滑的、密度统一的。因此,底板不平整的银元除私铸和少数地方造(如"袁大头"新疆版)外,大概率是假币(图 4-13)。

图 4-13　流通状态下孙像开国纪念币粗糙的底板

底板平不平是确立银元真假的关键要素。在实务鉴别中,具体的查验方法也较为容易,用大拇指与食指将银元拿住——放平——迎着光线——角度略低于视线——以食指为中轴——轻轻地上下移动大拇指,视线目及处底板是否平整一目了然。平整的底板大概率判真,凹凸不平、坑坑洼洼的底板则判假(私铸与少数地方造除外)。

另外,还需要看底板上的流通痕迹,人为做旧的流通痕迹在放大镜下很容易现形,"毛糙"的底板、大量"苍蝇角"的底板也作为判假的重要依据,这在"流通痕迹"这个版块再细说。

【看银色】

银色指的是银元的成色以及所展现出来的、原始的金属颜色。资深玩家口中的"银色"也指的是银元的本色。

银子的本色通常是白色或乳白色的,出厂状态的老银元经过抛光后还会出现炫目高贵的银光,转动银元后,高度聚拢的银光因转动瞬间会令人产生车轮钢圈滚动的感觉,这就是银元玩家常称其为"车轮光"的由来(图 4-14)。

带"车轮光"银元:

袁像十年 人像面　　　　　　　　孙像开国纪念币 嘉禾面

图 4-14　"车轮光"银元效果图

流通状态的老银元银色通常是乳白色中透着滋润,光泽柔和,颜色中透出一种自然色,这种颜色不是单一的,通常是由不同的色彩所组成。这种颜色在银元的表面具有统一性、整体性与协调性,它通常经历数十年或上百年历史,因此会显得更加沉稳与安宁,看上去自然、协调和柔和(图4-15)。

流通状态下的银元:

图 4-15　流通状态下的袁像三年 O 版

而通过现代电解银与其他金属铸造出来的假银元,由于金属成分的不同、配方的不同、生产技术的不同,再加上电解银纯度高,导致它的银色和老银元有着明显的区别。色泽通常是发青、发灰、发黑、发暗,光泽较强,包浆附着较浅,强烈的发青、发灰光泽透过包浆呈现出来。这种不正常的银色,如同电影中妖魔出场或逃跑后幻化的一缕青烟,给人一种不舒服的感觉,这就是藏友们所称"贼光"的由来(图4-16)。

而通过老银元材质采用液压技术生产铸造的高级精仿币,看银色几乎无破绽,在鉴定实务中要引起评级师的高度注意,但可以通过其他关键项来综合辨别真伪,比如看底板、看包浆、看边齿等。

颜色发青的袁像三年假币图:

颜色发青的袁像九年假币图：

流通自然的北洋34年真币图：

流通自然的袁像三年O版真币图：

图4-16 银色真假对比图

【看包浆】

认识银元上的包浆是研究银元真假的重要依据之一。通过包浆不仅可以鉴别银元真假,更可以作为研究银元存放环境的重要依据,甚至还可以推断出存放在江南还是北方、华东还是西部、压箱底传世还是埋于地下的罐藏。

银元专业人士可以通过包浆很容易推断出银元的"前世今生",这是银元评级师必须掌握的一门基本技艺。

这是因为银元长期存放在相对恒温恒氧的空间和存放在潮湿的空间长出来的包浆是截然不同的。同一个箱子里叠放次序的不同也造成包浆的程度不同。同一个存储罐里因水汽的不同也会有相当大的差异。

可喜的是,拥有我国自主知识产权的中式评级标准将银元的包浆分成美锈和炫彩两大系列进行专门研究,并分别整理出色谱,标明了色号,由此开创了业内包浆研究的先河。

银元的包浆从大的类别来讲,可分为以下三类:

1. 生坑。通常所指的是罐藏包浆,朱砂结晶锈、绿锈、蓝锈、蓝绿结晶锈等属于这一类(图4-17)。

朱砂结晶锈　　　　　　　　　绿锈

蓝锈　　　　　　　　　　蓝绿混合锈

图 4-17　银元生坑组图

2. 传世。通常所指的是压箱底传世老包浆。银元玩家口中的"上海弄堂彩",按照色谱可以形象地细分为"杏黄彩""落日彩""蟹壳彩""红衫彩""枫叶彩""酱油彩""老酱彩"等,还有"坑洞彩"等都属于这一类(图4-18)。

弄堂彩

杏黄彩

落日彩

枫叶彩

蟹壳彩

酱油彩

老酱彩    坑洞彩

图 4-18　银元传世老包浆组图

3. 水坑,通常所指的是铁锈、红锈、混合锈、老黑锈包浆,这类锈色很不招人待见(图 4-19)。

铁锈    红锈

混合锈　　　　　　　　　　　　　黑锈

图 4-19　银元水坑组图

真品银元的包浆自然温润、没有火气，包浆过渡自然、层次感强、色泽变化、包浆的厚薄延伸合理。伪造的人工做旧包浆则相反，通过化学过程等速成包浆虚浮、火气大、缺少自然过渡的层次感、色泽变化单一、厚薄延伸不统一。

另外，速成的包浆牢固性较差，轻轻擦拭即可脱落。即使是看起来坑口很厚的包浆，用指甲、牙签等硬物也可轻易剥离（图 4-20）。

人工包浆袁像九年：

人工包浆孙像船洋二十二年：

图 4-20　银元人工包浆组图

【看边齿】

从边齿来辨别真假，我们要先来了解一下银元边齿的生产过程，真银元的边齿是采用滚边工艺制成的。

边齿大多规范、精致、深峻，线条流畅，且多数呈现细小的、不规则的一些变化，这是因为人工雕刻滚边模具呈现的误差。这些误差反而成就鉴别银元边齿真假的关键因素。

而高仿银元的边齿通常是一次成型的，边齿不典型，即不符合真银元标配的边齿；边齿齿条生硬，线条呆板、无生气；边齿浅且深浅一致；边齿高度规整，齿边间距、规格、线条等高度统一。

在鉴定实务中，鉴别银元边齿真伪主要关注以下 5 点：

1. 边齿是否典型（图 4-21）：

不同造币厂、不同年份生产的银元，边齿都不尽相同。但同一年份或同一版式及同一批次的银元边齿却高度吻合。比如袁像三年 O 版、三角圆与孙像船洋二十二年以及部分二十三年等，典型的一次成型边齿，齿边线条经挤压后外卷，此版别及此年份的边齿大多是这种外卷类型，鉴别时相对容易。

袁像三年 O 版卷边齿

袁像三年三角圆边齿

孙像船洋二十二年边齿

孙像船洋二十三年边齿

图 4-21　银元典型边齿图

如果 O 版齿条不外卷或者是其他形状，比如配"橄榄齿"或配袁像十年边齿，那么大概率就是假的。同样的，如果孙像船洋二十二年配的是"直边齿"或袁像十年边齿，也可以首要判定为假。而孙像船洋二十三年的边齿则呈现多样化，有典型的"橄榄齿"，也有"竖条齿"。

"袁大头"因不同的地方官局都有铸造，所以边齿的类型相对繁多，比如天津厂早期铸造的"袁大头"，主要是以"直边齿"为主;藏友口口相传的武昌版"袁大头",则以粗弧"橄榄齿"闻名于世;福建版"袁大头"则以不规则的"竖条齿"呈现。

相较于"袁大头",孙像开国纪念币也不甘落后,孙像开国纪念币的边齿有早期初铸的"直边齿",有不规则的"O形齿",有圆边的"竖条齿",也有直边的"竖条齿",还有少量的"橄榄齿"。

相较于民国机制币的边齿繁多,光绪与宣统年间的各省龙洋边齿相对统一,识别起来也相对容易,比如北洋系列,主要呈现的是"直边齿"与"竖条齿"(图4-22)。

北洋34年长尾龙边齿

北洋34年短尾龙边齿

图4-22 北洋34年长尾龙、短尾龙边齿图

广东造龙洋无论是光绪元宝,还是宣统元宝,都是以规则的"直边齿"结合"橄榄齿"的形式呈现的,且边齿大多深峻,铸工精良,流通痕迹不明显的币齿边大多有割手的感觉(图4-23、图4-24)。

(上为光绪,下为宣统)　　　　　　　　　(上为光绪,下为宣统)

(上为光绪,下为宣统)　　　　　　　　　(上为光绪,下为宣统)

图4-23 广东龙洋光绪、宣统边齿合图

图 4-24　广东宣统龙洋边齿图

湖北造龙洋光绪和宣统的边齿差异较大,光绪边齿多以圆边深橄榄齿出现,而宣统的边齿多以浅橄榄齿出现(图 4-25)。

（上为光绪,下为宣统） 　　　　　　　　　　　（上为光绪,下为宣统）

（上为光绪,下为宣统） 　　　　　　　　　　　（上为光绪,下为宣统）

图 4-25　湖北龙洋光绪、宣统边齿合图

图 4-26　湖北光绪龙洋边齿图

大清银币的边齿具有代表性,其中浅版最具特色,可以一眼识别,而深版的边齿类型较多,有小开口浅橄榄齿夹细齿、宽直边齿、大开口深橄榄齿等(图 4-27 至图 4-29)。

图 4-27　大清银币浅版图

图 4-28　大清银币浅版合图

图 4-29　大清银币深版合图

江南省造龙洋的边齿随着铸造年份的不同而不同,"老江南""己亥""戊戌""庚子"多以边角大开口"深橄榄齿"的形态出现,而"辛丑""壬寅""癸卯""甲辰""乙巳"则以圆边小开口"浅橄榄齿"的形态出现,少量还会出现纯粹的圆边,即光边(图 4-30)。

江南戊戌边齿图

江南辛丑边齿图

江南癸卯边齿图

江南甲辰边齿图

江南乙巳边齿图

图 4-30　江南龙洋边齿图(部分)

资深玩家通过边齿可以精准分辨真假,并且可以确立是哪一品种什么版别的银元,这是日积月累的经验数据支撑的结果。评级师在日常工作中,要注意搜集各个品种与版别银元边齿的特征,认真归纳学习、整理,确立典型要素并牢记在心中。

2. 线条是否流畅:手工雕刻的滚边模具集中了雕刻师们的专注、细心与执着,是由他们一刀一刀精雕细作而成。

流通状态的银元经历过人间烟火,经历无数人的摩挲、碰擦以及存放保管时的包裹、挤压,边齿线条温润自然,无论观感还是触感,都能体现流畅舒适。

而假币的边齿线条大多由机器生成,且缺少流通环节,即使在人工作假(假包浆、假痕迹)的快速辅助下,线条的钝感与生硬感还是被容易识别(图 4-31)。

线条流畅的孙像船洋二十三年边齿图

线条不流畅的袁像十年边齿图

图 4-31　银元边齿线条是否流畅对比图

3. 齿条是否生硬：识别此项是线条是否流畅的延伸。齿条是构成边齿的重要组成，齿条的流畅与圆润是辨别银元边齿真假的关键。流通状态的齿条在放大镜的辅助下，无论是"直边齿"的直边、"橄榄齿"的弧边，还是"竖边齿"的竖边；无论是罐装银元，还是传世银元，齿条因为经历百年人间烟火、无数人的手边摩挲，齿条大多自然圆润，直边的锋芒被磨去，弧边的锐气被磨圆，竖边的棱角被打磨（图 4-32、图 4-33）。

图 4-32　齿条圆润的四川汉字银元边齿图

齿条生硬的十年袁像边齿图

齿条生硬的湖北光绪边齿图

齿条生硬的大清银币边齿图

齿条生硬的四川汉字边齿图

图 4-33　假银元齿条生硬组图

这就如同经历岁月洗礼，历经商场中无数次的打拼后，取得卓越成就的商人一般，更显成熟、稳重、内涵、圆润、大气、谦和。

4. 边齿是否深峻：边齿是否深峻作为典型边齿不可或缺的一项辨别内容，在鉴定实务中有着非凡意义。

在前文"边齿是否典型"里描述的银元，除部分江南币外，其典型的边齿一般辅以典型的深峻，比如北洋34年的早期宽边初铸龙洋的边齿、广东省造龙洋的边齿、江南省造早期几个年份的龙洋边齿、大清银币深版、"袁大头"早期天津厂的边齿、"袁大头"武昌版的边齿、"袁大头"九年边齿、孙像开国纪念币早期初铸的边齿、船洋系列的边齿，无不以深峻呈现。当然在不典型边齿中，深峻的边齿也足以体现铸工精良，而铸工精良的钱币往往作为官方造币厂的代表，成为鉴别银元真假的关键要素（图4-34）。

大清银币深版

袁像天津版三年

袁像武昌版三年

袁像九年粗发版　　　　　　　　　　　　　孙像开国纪念币初铸版

图 4-34　真银元边齿深峻组图

5. 边齿是否高度统一：在整个边齿的观察中，齿条规格、深浅高度、齿边间距等，任一要素只要出现高度统一，首要判定为假。

这是因为手工雕刻的滚边模具的自然性与机器雕刻的规整性的显著区别。雕刻师们手工雕刻的误差恰恰能够证明那个时代雕刻技术的不规整性，反过来说，任何的规整性都无法体现那个时代的技术，运用现代规整的技术造出来的银元边齿自然就被判假了（图 4-35）。

图 4-35　边齿高度统一的孙像船洋二十三年假银元

【看流通痕迹】

流通痕迹是指银元在流通过程中所留下的痕迹。

正常未流通或很少流通的银元底板光滑平整、银元铸纹明显。而流通后的老银元划痕与磨损自然而且有一定的磨损规律。

银元评级师及资深玩家可以通过划痕辨识真伪，这是因为银元在流通过程中，由于磕碰、划痕、摩擦等，留下了岁月的痕迹（图 4-36）。

自然流通状态下的北洋 34 年龙洋

自然流通状态下的北洋 29 年龙洋

图 4-36　自然流通痕迹的北洋龙洋

这些痕迹用放大镜看，或轻或重、或长或短、或片区或整体，都存有一定的关联性、逻辑性与适度性。

这些痕迹是先天的还是后天人为的，在专业人士面前很容易辨别。这就如同刑侦人员根据犯罪现场的痕迹能够锁定犯罪分子一样，科学、实用而又系统。

流通痕迹中经常出现杂乱无章的"苍蝇脚"，这是银元判假的重要依据。这种痕迹的产生考证主要有两点，一是模具或银版（银条）没有处理干净后留下的痕迹，属于假币生产前段的问题，这种问题通常会出现"同模伤"，即每一枚币上面的"苍蝇脚"痕迹无论所处方位、尺寸大小、方向等都是高度一致的，这在国家造币厂中是断然不能出现的瑕疵品，是要销毁的；二是人为产生的流通痕迹，一些不法商人为了将底板做旧，达到以假乱真的效果，在银元底板上做的人工划痕。

【听声音】

听声音是指通过敲击银元边缘后所听到的声音。这也是判别银元真伪不可忽略的鉴定方法。

凡含银配比正常的银元，声音一般较柔和、悦耳及均衡无颤音，如同鸽哨声。而含银配比不正常的银元，因含其他金属，比如含铜，声音嘶哑、沉闷、短促而又浑浊；含铅、锡等现代合金材料，声音则长、尖、高，且有颤音。

听声音一是靠"敲"，以一手指尖轻轻顶住一枚银元的中心，另一手持一枚银元的边缘敲击这一枚的边缘，听其声音进行鉴定，先把不正常的和可疑的银元挑出来，再进行鉴别（图 4-37）。

二是靠"碰"，中华人民共和国成立前的钱庄都有鉴定师，用右手拿几十个银元，向下 45°斜滑至左手，侧着头，微低着头，耳朵附向左手，专心致志地听其碰撞发出的声音，就可以迅速识别出假币。这就是"流水辨银"的由来。一些大的钱庄都有学徒，其"流水辨银"的技能是学徒出师上岗的必备技能。

电影里描写的"吹"法，是用拇指和食指的指尖轻轻地夹住银元，用嘴向边齿部位猛地吹一口气，然后快速拿至耳边，听气体与银元边齿碰撞发出的声音来辨识真假。这种方法也许存在，或者适合那些段位很高的老师傅们，在现代辨别实务中，"吹"法不作为鉴别银元真伪的方法，或者根本不适用。

听声音，需要有较长时间的训练才能够掌握。现在有些假银元，特别是采用老银元熔化后做成的假银元，敲击后的声音跟真银元相差无几，辨别的时候要格外注意。"功夫在诗内"，"听声音"法尤其需要经验数据的积累。

总而言之，眼力的提升不是一蹴而就的，也不是缺乏实践的纯理论，而是需要在实践中摸索总结，达到一眼看真假需要量的积累。只有大量上手观察及研究，才能够慢慢练就出"一眼感"。

图 4-37　徒手敲击银元

因此，具备这"六看一听"鉴别真伪的技术，几天、几周、两三月是很难实现的，通常需要多下功夫，多投入实践与时间，多做经验数据的累积，才能成功有效地辨识真伪。

4.3　评级要素

评级要素是指在评级实务中，钱币评级师必须遵循的工作行为准则。当一枚银元被鉴定为真币后，就开启了这一段评级环节的流转。

钱币评级师是指通过特殊专业的培训并取得职业资格，主要描述钱币的真伪、品相、包浆、压力、字口、光泽度、流通痕迹、底板状态、版别、人为因素（如修补和包浆掩盖）等评级要素，通过钱币呈现的整体品相和状态，结合钱币表达的自然因素和社会因素，参照颁布的评级标准，出具评级结果的专业人才。

评级师需要参照颁布的评级标准，结合评级公司提供的一套或数套评级产品样品库，等同于照着样品在生产，再从生产环境中衍生出一个个样品。

其基本操作是，在一枚钱币的评级流转中，评级师先按照评级标准进行独立打分，生成等级和分值，后将这枚钱币的等级与分值与样品库里的相同等级和分值的样品币钱进行对照，检查生产环境与样本环境是否一致，不一致的话马上调整生产环境。

这样的举措很容易确立令人信服的结果，且这一结果是守恒的。

评级方法

钱币评级师依照颁布的评级标准进行作业，采取的评级方法可分为寡头评级法、共识评级法与平均评级法。

寡头评级法是指由一名资深评级师担任总评级师，钱币先由数名评级师独立完成评级后提交评级结果，再由总评级师负责审核确认，总评级师通常拥有一票否决权，最终评级分数由总评级师确定。采用寡头评级法的评级企业经营上可能会存在较大风险，总评级师的技术水平、道德与诚信将会是重要的考量指标，其中道德和诚信容易滋生内外勾连等职务犯罪问题，评级企业应该审慎采取这种评级方法。

共识评级法是指有三名评级师参与评级，如果前两名评级师打出了相同的分数，则这一分数被确认为评级结果。如果前两名评级师评出了不同结果,则交由第三名评级师评级,最终评级分数的产生取三名评级师的综合分数。中式评级的银标产品按谢尔顿评级标准进行评级,采用共识评级法。如一个产品的等级输出为"CSR MS63","CSR"是中式评级的英文简写,"MS63"则是钱币的等级为 MS 级别的 63 分(图 4-38)。

图 4-38　CSR MS63 袁像三年大头

平均评级法是指有五名评级师共同完成评级,即由五名评级师分别独立完成打分,分别给予分值,系统去掉一个最高分,去掉一个最低分,最终评级分数的产生取三名评级师的平均分数。每一个等级都有对应的分数区间,比如二级的分数区间为 91～95 分,如果三名评级师的平均分数在 91～95 之间(含91 分、95 分),那么该枚钱币上的中式元素(墨印、醇记、吉帖等)的等级就会被确认为二级。

中式评级的金标产品按拥有我国自主知识产权的中式评级标准进行评级,采用平均评级法。如一个产品的等级输出为"墨印一级 60","墨印一级"是墨印的最高等级,而"60"则是钱币的品相为 MS 级别的60 分(图 4-39)。

图 4-39　墨印一级 60

评级实务

钱币评级是一门技术含量相当高的专门学科，一枚银元在评级过程中，除需要经历辨识真伪的首要鉴定要素外，后续还需要经历八项要素。

应用要诀

【品相】

品相，是对钱币整体状态的综合评价。

品相不好，说的是这枚币的整体评价不高，通常一枚币存在两个或两个以上的瑕疵，比如币缘有磕碰、底板流通痕迹太多、包浆不美观等。

同样地，品相完美，也说明了钱币的总体状态可圈可点，即使用挑剔的眼光衡量，也挑不出瑕疵（图 4-40）。

品相欠佳的孙像开国纪念币　　　　　品相上佳的孙像开国纪念币

图 4-40　孙像开国纪念币品相欠佳和上佳对比图

在评级实务中，品相的差异对评级师的打分有着决定性的影响。在采用数字评级法的谢尔顿标准中，看数字是评价品相差异的直观方法。"1"到"70"的分数代表从最差到最为完美的品相等级。如 20 分、25 分、30 分、35 分是 VF 级别（优美）的品相，40 分、45 分是 XF 级别（极美）的品相，50 分、53 分、55 分、58 分是 AU 级别（近未流通）的品相，而 60 分以上则是 MS 级别（未流通）的品相。

在拥有我国自主知识产权的中式评级标准中，看级别是评价品相差异及包浆状态的直观辨识法。"五级"到"一级"的级别变化代表从低到高的状态等级。

如墨印序列，评级等级的高低需要从墨印的清晰度、完整度、官方还是商业、吉祥语还是古诗词、箴言还是千字文、正规墨印还是个性化的墨书、商事还是民事、大小、器型、艺术感、颜色等角度进行综合评价。

此外墨印的珍稀度也作为重要评价，比如官方墨印、行业墨印、公估墨印以及钱庄、银行、保险等。

如五级代表的是墨印轮廓、文字、图案、线条、花纹等依稀可辨，大致相当于钱币具有优美的品相；四级代表的是墨印基本可辨，大致相当于钱币极美的品相；三级大致相当于近未使用的品相；二级则代表的是墨印清晰可辨，大致相当于钱币是未流通的品相；而一级则代表的是墨印无论是清晰度、完整度、大小、器型等都是顶级的状态。另外,官方、行业、公估等敲盖的墨印通常较容易获得高等级。

墨印评级的环节要繁复一些,不仅要确认银元的真伪,还要鉴定墨印的新老,墨印通过到代认证后,还要解墨,解出墨文墨意后方进入墨印评级环节。因此,墨印的评级时间通常较长。

一枚通过到代认证的墨印银元在评级流转中,需要参照墨印序列评级标准进行评级,需要经历墨印的清晰度、完整度、用途、大小、器型、艺术感、颜色、额外加分项等多项考察,每一项都有独立分值,总分为105分。

按该枚墨印所呈现的状态参照上述考察项进行打分,然后汇总分值,总分值落在哪个等级的象限中,该墨印就被确认为哪个等级。当然,墨印评级还需要遵循平均评级法的定义。

按平均评级法,如果墨印组的老师们打出的均分为96分及以上,那么该墨印就归属于一级;91~95分就是二级;81~90分是三级;71~80分是四级;60~70分是五级;60分以下无等级。

确立了墨印的等级后,钱币会流转到评级师团队进行钱币品相评级,按共识评级法,评级师团队会打出钱币品相对应的等级数字,这个环节的评级一定程度上参考谢尔顿标准,最高为70分。

评级结果最终以"墨印等级+数字等级"的方式呈现,比如"墨印一级40"这个分数,则代表墨印的级别最高,钱币的整体具有40分的普通品相状态(图4-41)。

墨印无等级:

墨印五级:

墨印四级：

墨印三级：

墨印二级：

墨印一级：

图 4-41　墨印从无等级到一级视图

【包浆】

包浆，是钱币在自然的环境中，历经岁月变迁，外部环境对钱币作用的结果。

包浆的存在让钱币本身多了一层神秘感，饶有兴趣的人们会通过包浆的颜色、层次、范围来研究钱币的保存环境、区域归属、跟哪些外部物质有关联，研究的结果通常能引来大家的围观，引发人们的共鸣。

比如，在上海、江苏南部与浙北地区，新娘陪嫁压在箱底的银元通常呈现的是五彩斑斓的悦目光泽，但是如果是存放在地下的罐装银元，通常呈现的是翠绿欲滴的迷人色泽。而在我国的北方地区、西部地区，其他颜色的包浆银元却是常见，比如新疆地区常见的是黑色包浆（图 4-42）。

显而易见，这是区域归属、外部环境等作用的结果。另外，即使在同一区域、同一外部环境下，银元摆放的次序不同，包浆的附着层次也不尽相同。

还有，银元时代的中国，有着特殊的钱币流转文化，墨印和帖纸作为那个年代的中国特有元素，是社会特定产物，拥有着无与伦比的中国特色，蕴含着很高的社会价值和研究价值，这些元素值得保护和传承。

局部朱砂结晶锈 　　　　　　局部绿锈

局部交织锈

图 4-42　美锈组图

包浆，作为大自然和社会特定产物的无偿馈赠，已经越来越得到追求原生态的泉友们的重视。在机制币的鉴定实务中，包浆成为影响钱币等级的重要考量要素。美式谢尔顿评级标准对钱币表面的包浆附着物通常是零容忍，采用此评级标准的评级公司通常给予"97"的评级代码，意为环境损害或包浆覆盖。

适度的、恰当的清理和清洗或许可以获得高等级，但风险和机遇同在，人为的、过度的、不恰当的清理往往会面临风险。深谙谢尔顿评级标准的商家时常愿意为此"铤而走险"，在各种洗银水的加持下，"富贵险中求"已成为时下钱币投机的一种时尚，也是一股潮流，准确地说，是洪流。

在拥有我国自主知识产权的中式评级标准中，提倡尊重自然的、原汁原味的、拥有特定社会属性的包浆。按包浆的影响范围、附着层次、色谱与色号、美观度等要素，设定"五级"到"一级"的级别变化，代表钱币包浆从低到高的状态等级。

如美锈序列，评级等级的高低需要从是否为人工锈、锈迹的色谱与色号、锈迹的层次、锈迹是否纯粹、锈迹有无严重遮盖钱币关键信息、锈迹的影响范围等角度进行综合评价。此外，晶莹闪亮的朱砂色、宛如宝石的蓝色与翠绿欲滴的绿色，往往可以获得评级师的加分。

美锈序列基本考量要素主要有以下六点（详见美锈序列评级标准）：

一、要区别是否为人工锈，人工锈不符合美锈的定义。

二、锈迹要遵从美锈色系和色谱的标准，在色系和色谱里一些纯粹的锈色可以获得评级师们的青睐。

三、锈迹层次要单薄，锈迹结构单薄、通透及轻盈往往会获得高评价。

四、要区分锈色是否纯粹，纯粹的锈色具备较高欣赏美感，美锈的客观评价会提高。

五、要区分锈迹有无严重遮盖钱币的铭文、图案与边齿，锈迹严重遮盖导致无法确认钱币基本信息的，美锈的客观评价会降低。

六、锈迹在币面的影响范围，是决定美锈等级的客观要素。比如在美锈序列的评级标准中，一级和二级的锈迹范围都有着"币面锈迹均匀分布面积超过币面的五分之二，允许布满整个币面"的定义。除此之外，对突起的厚锈也有着"突起遮挡厚锈面积不超过币面的五分之一"的描述。

与墨印的评级一样，评级结果最终以"美锈等级+数字等级"的方式呈现，比如"美锈三级62"这个等级，"美锈三级"代表锈色的级别较高，"62"则是代表钱币的整体品相是MS级别的62分（图4-43）。

美锈无等级：

美锈五级：

美锈四级：

美锈三级：

美锈二级：

美锈一级：

图 4-43　美锈从无等级到一级视图

【打制效果】

打制效果，指的是要看钱币的压力与整体呈现的立体感。

压力是衡量钱币铸造工艺的关键要素，这与钱币流通后的磨损效果有着明显的区别。虽然二者都决定着钱币的评级分数，但压力是先天因素，而磨损却是后天因素。

打制深峻，压力充足，就会体现钱币的整体立体感强。其无论是图案、花纹、字体都呈现栩栩如生的效果，轻轻触摸的硌手感立刻就有了。

这些是钱币品相重要的加分因素，往往可以获取评级师的加分。打制深峻，立体感强的钱币，也预示着钱币经历流通的环节较少，钱币保存较好，这是决定钱币品相的关键。

压力是一种目视可及的直观感觉,比如在"袁大头"的评级实务中,人像面的压力主要在以下事项中加以识别:

1. 币缘与币面的落差;
2. 字体铭文是否深峻;
3. 颧骨、耳朵、肩章是否突出;
4. 头发丝、胡须与胸花是否清晰。

天津版深打效果见图4-44。

图4-44 袁像三年天津版深打效果图

而嘉禾面的压力除需要识别是否具备上述的1、2项外,需要重点识别嘉禾的颗粒是否饱满,花枝脉络是否突出,芒刺是否清晰,硌手感是否明显。另外,边齿也是衡量铸造压力的因素,边齿深峻,有割手感的边齿,通常也是银元压力充足的表现。

其他常见银元的深打效果见图4-45。

早期北洋34年龙洋

大清银币深版

袁像九年精发版

孙像开国纪念币出头圆版

图 4-45　部分银元深打效果组图

打制深峻、压力充足的银元,通常出现在早期的模具铸造成品中。比如北洋造 34 年龙洋宽边、大清深版、袁像天津版三年直齿、孙像开国纪念币南京版出头圆等。另外,湖北省、广东省造龙洋,江南省造老龙,部分军阀币(如黎元洪),袁像甘肃三年、九年精发、福建版三年,孙像二十二年与二十三年船洋系列,这些银元铸工精良,官铸权威,成币效果也令人称赞。

在评级实务中,深打的银元比浅打的银元会更容易获得加分。浅打的银元虽然是先天因素,但因为铸造工艺或模具原因(比如晚期模具作品)导致的浅打,从品相上会逊色不少,从审美上会有损观瞻,最终的等级也会受到影响(图 4-46)。

图 4-46 币缘弱打的北洋 29 年龙洋效果

人们对于美好的事物总是心生向往,这就如同长相挺拔、五官端正、身材饱满、线条分明、皮肤细腻丝滑的人更容易获得人们的垂青是同一个原因。

【原光】

原光,是藏友们通俗的说法,指的是钱币的光泽度。

钱币在出厂状态时,经过抛光处理,钱币的外表会产生金属特殊的、与生俱来的、令人炫目的光泽。这种光泽被称为原光(图 4-47)。

江南甲辰龙洋"车轮光"效果

袁像九年"车轮光"效果

孙像二十三年船洋"车轮光"效果

图 4-47　部分银元"车轮光"效果图

　　具备原光的钱币,往往决定着钱币处于高等级状态,说明钱币至少是处于近未流通的等级。

　　在银元的世界,原光还有一种形象的称谓叫"车轮光"。转动银元,银光由此转动,从不同的角度快速发散出来的银光汇集在同一个纬度下,目视酷似"滚滚车轮"在向前转动。

　　无论称为原光、银光,还是车轮光,都代表着银元的高等级状态,具备这种状态的银元,毋庸置疑会获得评级师的加分。光度的状态决定银元的评分等级,这是评级师们的共识。

　　在谢尔顿的数字评级标准中,光度决定等级体现得更加淋漓尽致。一枚银元是否有原光,其等级差的细节实在难以描述。XF(极美)品相以下的银元通常没有原光,AU(近未使用)状态的银元通常含有原光,AU50 与 AU58 的原光绝对不在同一级别,MS(完全未使用)级别的原光非常明显,通常令人炫目。MS63 以上的原光币或许不能轻易在阳光下欣赏,夸张地说,转动的"滚滚车轮"光会令你瞬间眼前发黑。

　　按谢尔顿数字评级标准,其成品图如图 4-48 所示。

机制币
鉴定评估暨评级技能全景指南

VF35

XF40

AU50

122

AU58

MS63

图 4-48　不同等级的谢尔顿数字评级法效果图

在拥有我国自主知识产权的中式评级标准中,其更加注重银元的整体状态。原光是属于整体状态的一部分,在包浆的作用下,原光最大程度地会被赋予另一种色彩。比如彩霞般的光芒,蛋黄的色泽,煮熟的蟹壳色,秋天的枫叶色,油亮的酱油色,又比如结合了彩霞、蛋黄、蟹壳、枫叶、酱油的集合色,这种色彩令人赏心悦目,令人感慨万千,令人抚币叫绝,令人爱不释手。

这些色彩符合中式评级色谱的定义,属于炫彩系列。

按中式评级炫彩序列评级标准,其成品图如图 4-49 所示。

炫彩无等级：

炫彩五级：

炫彩四级：

炫彩三级：

炫彩二级：

炫彩一级：

图 4-49　不同等级的中式评级标准炫彩效果图

【底板】

广义的底板是指钱币肉眼所及的表面,狭义的底板是指钱币表面在除去人像、图案、花纹、字体后的一片或数片平整的区域。

这里所论述的主要是狭义的底板。底板也是决定钱币真伪、品相和等级的一项要素,是钱币鉴定和评级中不可缺少的一方面。

银元的底板包含正反两面,是银胚被两面印花模具在百吨的压力下一次成型的,所以银元的两面底板应该是整齐划一的、平整平滑的、密度统一的。因此,底板不平整的银元除私铸外,95%是假币。

机铸纹明显、丝绸底板、无伤无划等,通常是高等级品相银元的标签,因此,评级师需要格外关注这些要素:

1. 是否存有机铸纹。存有机铸纹的银元代表银元较少流通、近未流通或完全未流通,通常可以获得高分值,即可以获得加分机会(图4-50)。

袁像三年机铸纹

孙像开国纪念币机铸纹

图 4-50 机铸纹效果图

2. 是否细腻。细腻的底板如同丝绸,除光滑平整外,还可以体现密度大。丝绸般底板的银元允许获得加分机会,反之,不光滑的底板或后天人为因素的底板将是扣分项。另外,底板上有原光的银元可参照上篇"原光"进行评级(图4-51)。

4 机制币鉴定评级原理与实务

江南甲辰龙洋底板细腻图　　　　　　　孙像开国纪念币底板细腻图

袁像三年底板细腻局部图

图 4-51　底板细腻效果图

3. **是否有划伤和磕碰**。有划伤和磕碰代表着流通痕迹，是银元在流通过程中造成的伤痕，这会影响银元的评分等级，视划伤和磕碰的轻重与范围，评级师应当适当地降低分值（图 4-52）。

币缘有磕碰的袁像三年　　　　　　　　擦痕明显的袁像三年

图 4-52　币缘及币面有伤的银元

127

在评级实务中,评级师应当遵循"从整体到个体,从个体到整体"或者"从集合到分散,从分散到集合"这一评级逻辑。这个逻辑的基本顺序是:

第一,根据银元的整体状态参照评级打分标准给予一个适中的分数。

第二,依据银元的细节状态给予加分或扣分。币面磨损、底板划伤、边齿磕碰等就是属于这个环节的扣分细节,反之就是加分项,这些属于评级的个体,也属于分散当中的一员。

第三,按个体或分散出来的各个状态给出的加减分进行汇总整理,最终得出来的分数就是银元的评级结果。再将评级结果与样品库里的相同等级和分值的样品钱币进行对照,检查该结果的钱币品相与样品库的钱币品相是否一致。

4. 按此逻辑评级出来的银元,等级与分数是合理的,结果是守恒的。按共识评级法或平均评级法,此结果还需要得到其他评级师的打分认可。

【高点】

高点,是钱币评级的专业名词,主要指的是在钱币表面包含的最高处。一枚钱币的表面可能包含一处或数处高点,高点的存在与否,决定着钱币的流通状态以及是否有磨损。

所以,评级师需要首先掌握一枚币的表面高点在何处,共有几处;其次要着重观察高点是否有磨损,是否还存在;最后要根据高点的状态,给予加分或扣分的评定。

在实务鉴定中,评级师要依据以上三点提示依次给予识别和评定。以民国三年的袁大头为例,首先需要识别出高点(图4-53)。

图 4-53　MS63 袁像三年正面

人像面的高点依主次共有以下 5 处。

1. 颧骨;
2. 耳朵上方的颌骨;
3. 头发;
4. 肩章、肩星、肩膀;
5. 胸花。

其中,颧骨和颌骨是人像面首要考察的要素,这是中心至高点,其他属副高点(图4-54)。

嘉禾面的高点有 2 处(图4-55)。

1. 汉字"壹圆";
2. 汉字"壹圆"左右的嘉禾。

图 4-54　袁像三年、九年高点磨损图

图 4-55　MS63 袁像三年反面

在"袁大头"的评级实务中,如果整体无弱打,则在嘉禾面的高点影响因素极小,几可忽略(图 4-56)。

图 4-56　袁像三年、九年高点磨损图

我们再来盘点一枚孙像开国纪念币的高点,其人像面的高点共有以下 2 点:
1. **颧骨、耳朵、眉毛、颌骨、前额是中心至高点;**
2. **肩膀是副高点。**

高点俱在的孙像开国纪念币正面像(图 4-57):

图 4-57 高点俱在的孙像开国纪念币

高点磨损的孙像开国纪念币正面像(图 4-58):

图 4-58 高点磨损的孙像开国纪念币

其他如字体,一般作为辅助参考因素,若字体清晰,则说明银元属于深打或初铸,若字体磨损,则大概率属于压力不足或模具磨损的先天因素,较少属于银元后天流通磨损的评价。

这两个高点构成孙像开国纪念币人像面的关键要素,两个高点俱在足以说明银元在近未流通或完全未使用状态,反之,任一高点的磨损,都可以说明银元品相的受损。

孙像开国纪念币反面的高点主要在于汉字和英文,如同人像面的汉字一样,一般作为辅助参考因素。

北洋 34 年龙洋的高点,主要集中在龙面,其龙面的高点盘点如图 4-59 所示。
1. **龙的额头是第一至高点;**
2. **龙腰身的中部和上半部龙鳞(第一段、第二段火云处)是第二至高点;**

图 4-59　高点俱在的北洋 34 年龙洋 短尾龙

3. 龙腰身的中下部龙鳞(第三段火云处)、龙尾处龙鳞是副高点。

英文字体一般作为辅助参考因素。

龙洋的字面高点主要集中在汉字和满文，在鉴定实务中，一般也作为参考因素。评价北洋 34 年龙洋的高点关键还是在于龙面，在实务中需要引起注意。

盘点处高点后，接下来，看查看这些高点是否存在磨平、磨损，测算磨平度与磨损度有多少。

最后，可依据一定比例按这些高点是否存在磨损给予加分或扣分的评定。高点俱在的银元往往可以获得加分机会，相反地，高点磨损的银元通常会被扣分或降级。

以北洋 29 年龙洋为例。

VF 状态下的高点磨平(图 4-60)：

图 4-60　高点磨损的北洋 29 年龙洋

【版别】

版别，是品相的延伸。版别指的是同一类钱币，由于外形特征、金属成色、图案字体上的区别而进一步细分的类别。比如，所有的袁像三年壹圆就是同一类银元，而九年和十年就不是同一类。

外形特征包含重量、大小、厚薄、边齿形状等；金属成色包含低银的、高银的等(含银量)；图案字体特征就是银元的表面花纹、图文的不同，这是由于不同造币厂、不同雕刻师、不同批次生产的银元所产生的区别。

广义地说,同一类银元有不一样的地方就是不同的版别。从这个角度来说,版别应该包含:版别、细目、细细目、先天模损(工艺缺陷)、修模、改刻、加字(或花)、特殊暗记等。

在同一类银元中,一般来说有一个标准参照物的,铸造量最大的往往被定义为标准参照物,也就是普通版。例如,普通的袁大头三年(天津版),凡是与之有明显差异的三年大头皆可称为版别,比如挑华版、O版、三角元版、O版三角元、三年八背、三年九背、断笔民版、武昌版、福建版、甘肃版、新疆版、大扣版、大耳朵版、军阀私铸版(图4-61)。

在孙像开国纪念币的版别中,除普通六角星版外,还包含出头圆版、右三花版、左右三花版、点草版、海南版、日字花三大O版、军阀私铸版等(图4-62)。

袁像甘肃曲笔民版:

袁像福建版:

4　机制币鉴定评级原理与实务

袁像O版：

袁像八年连口造二虎把门版：

133

袁像八年元宝点年版：

袁像九年精发版：

袁像十年竖点年版：

图 4-61　袁像不同年份银元版别图（部分）

孙像开国纪念币初铸版：

孙像右三花版：

孙像左右三花版：

图 4-62　孙像开国纪念币银元版别图（部分）

识别银元版别是评级师的基本能力配置。

需要评级师保持开放的状态，广泛地学习各类银元著作，认真整理银元各个版别的特征，做到一目了然，辨识版别如同呼吸一样自然。

在评级实务中，版别也可以成为辨识银元真伪的辅助因素，造假者一般不屑于小版别的造假。对造假者而言，与其钻研小版别这样的小众爱好，远不如批量造普通版或稀少的版别来得更加快捷、经济和实惠。这或许还有另外一层影响，真心地研究银元者，真正地热爱银元者，根本不屑于造假。

在评级实务中，评级企业的后台运营人员需要把评级师识别出来的版别连同其他信息，一同缮制在标签上。

【人为因素】

人为因素主要包括修补与人为包浆掩盖。久经流通的银元表面通常呈现划痕、凹坑、钢戳、磨损等瑕疵，一些不法商人为获取巨大利润，通过人为因素对其进行修补，于是催生了银元修补这个产业。

在我国的东南某地，银元修补成为当地的招牌产业，该地技师云集，修补技艺细腻精良，修补流程成熟有序。精修后的银元，新人通常较难发现端倪，但有经验的评级师辅以影像及专业工具和设备，往往可以发现端倪（图 4-63 至图 4-65）。

机制币
鉴定评估暨评级技能全景指南

修补前

修补后

修补中

修补中大图

修补后

修补后

修补后

图 4-63　孙像 22 年船洋修补前后对比图

当然，也并非所有银元都可以修补，因银元含银成分的问题，比如大清银币宣三浅版深橄榄齿、北洋机器局二十二年、北洋机器局二十三年、北洋机器局二十四年、北洋 25 年、北洋 26 年、北洋 29 年、北洋 33 年、新疆版大头、四川汉字银币、甘肃版大头和黎元洪等，还是较容易从视觉上直观识别。

修补前 　　　　　　　　　　　　　修补后

修补后放大

图 4-64　袁像三年修补前后对比图

修补前 修补后

修补后放大

图 4-65 大清银币修补前后对比图

  人为包浆掩盖包含人工包浆和包浆掩盖,前者所指的是通过改变银元的外部环境,借助化学元素、加热、烘烤、涂抹等手法,短期内快速改变银元表面状态的人工假包浆。人工假包浆因为短期生成,通常附着不深,轻轻擦拭即可脱落,鉴别时相对容易(图 4-66)。

袁像三年假币假包浆

唐军长真币假包浆

图 4-66　人工包浆组图

包浆掩盖是人为通过组合包浆，在银元表面的瑕疵处加以掩盖，并予以做旧，与银元表面的包浆融为一体，以达到掩盖银元瑕疵的不法行为。肉眼识别此类包浆较有难度，这个时候需要高度依赖评级师的鉴定经验。

在机制币的鉴定实务中，无论是修补还是人为包浆掩盖，采用谢尔顿评级标准的评级公司，通常是给予"91"或"98"的评级代码，"91"代表有疑问的包浆，"98"代表有修补、有钢戳、改刻和明显划伤。

在中式评级标准中，人为因素的表面改变，中式评级标准同样不予支持，会在标签上和数据中予以注明，比如标注修补、人工包浆等字样。中式评级标准支持原味的、自然的、真实的、符合中式元素的、无任何人为因素的银元评级入盒。

在评级实务中，深谙评级标准的评级师们一般会遵循大体的评级要领，会仔细查看银元表面是否存在磨平、是否有磨损、是否有划痕，依据这三项要领，给予银元评级等级。流通状态的钱币存在磨平的大体归属于 F、VF、XF，银光浮现但币面高点有磨损的大体归属于 AU，银光闪现高点俱在但币面存在划痕的大体归属于 MS，划痕越少在该等级分数就越高。

不同等级状态的谢尔顿分值见图 4-67。

VF35：

XF45：

AU55：

AU58：

MS61：

图 4-67　中式评级银标谢尔顿标准分值视图

5

中式评级中式评级标准评级实务（金标）

随风潜入夜,润物细无声。

——《春夜喜雨》〔唐〕·杜甫

中式评级标准是依据钱币表面所呈现的中国特有的社会因素（墨印、钢戳、帖纸）和自然因素（美锈、炫彩）而设立的评级标准。

中式评级标准尊重钱币的社会特定属性与自然环境，对钱币中属于中国的特有元素，诸如墨戳、钢戳、帖纸、锈色、五彩等进行分类，分别冠名为墨印、醇记、吉帖、美锈、炫彩等，每一名称下的每一个级别都设定一定的评定标准，以期制定出适合中国藏友鉴赏需要的评级标准。

版权认证

中式评级标准自 2020 年初开始立项，经过一年的市场探索、调研、论证、探讨、书写、反馈、修订，历经数千枚钱币的征集、取样、调查、分析、讨论、修改，于 2020 年底，正式确立《机制币鉴定评估中式评级标准》，提交国家版权局认证。

2021 年 3 月，国家版权局正式核准《机制币鉴定评估中式评级标准》的版权申请，标志着中式评级标准获得国家版权认证，受《中华人民共和国著作权法》保护。

应用要诀

中式评级标准共涵盖五大序列产品，每个序列对应不同的评级标准，每个评级标准项下细分评级规则。

中式评级标准共设立五级，即中式五级制标准，以五级为起点，依次擢升四级、三级、二级，一级为最高级。

产品序列对应标签为金标，采用平均评级法。平均评级法的定义为五个评级师（墨印组老师）对钱币上的中式元素进行独立打分，系统默认去掉一个最高分和一个最低分，取剩余的三个分数的平均分，平均分落在哪个等级对应的分值范围，系统就会确认这一等级。

中式评级分值构成模式：中式等级＋分数。

墨印一级 55，此等级的意思是墨印的等级为一级，是最高级（墨印评级的打分项目共有八项，按清晰度、完整度、用途、器型、大小、颜色、艺术感等项进行打分），"55"这个数字则是代表钱币的整体状态（数字状态分的构成参考谢尔顿标准的评级细则，共有八项打分标准）。

5.1 苍云秋水迢迢：中式评级标准

机制币鉴定评估中式评级标准（国家版权局核准注册，部分摘录）

一、中式评级类别简介

墨印，意为墨水印记，包含不同颜色的墨水，比如黑、红、紫、绿、蓝、白等颜色，在机制币（钱币）表面加盖的墨水印记，特指旧时（1949 年以前）政府、钱庄、银行、票号、商字号、个人签名花押等，作为防伪、标注信用和记号或作为广告宣传之用的特殊墨水印记。

醇记，意为醇厚有加的历史钢戳印记，特指旧时政府、行业、钱庄、银行、票号、商字号作为防伪、标注信用和记号或作为广告宣传之用的，在机制币（钱币）表面打制的特殊钢戳印记。

吉帖，意为厚重中华元素代表的纪念与表达美好祝愿的吉语帖纸，指旧时婚嫁、祝寿、加官晋爵、人情往来等诸事，为体现纪念及表达美好祝愿，贴在机制币（钱币）表面的吉语帖纸，常见有双囍帖，以红色帖纸最为常见。

炫彩，也可称为五彩、幻彩、酱彩，意为五彩斑斓的、五彩缤纷的、五光十色的包浆，是指非人为的、自然的、客观的机制币（钱币）的金属元素在钱币表面接触外部环境发生氧化后而产生的五彩斑斓的包浆。包浆颜色有淡彩、环彩、幻彩、朱黄彩、酱彩、黑彩、酒红彩。

美锈，意为机制币（钱币）的金属元素在钱币表面接触外部环境（水、氧气、二氧化碳、酸和碱、金属物质等）发生氧化反应后而产生的铜锈、绿锈、深色锈、结晶锈等包浆。美锈颜色有朱砂色、宝蓝、翠绿、墨绿、青绿、褐色、烟灰（灰白）、黑色等。

二、中式评级等级设置

无等级，标签对应为序列＋机制币整体状态（以数字表示）

五级（低），标签对应为五级＋机制币整体状态（以数字表示）

四级，标签对应为四级＋机制币整体状态（以数字表示）

三级（中），标签对应为三级＋机制币整体状态（以数字表示）

二级，标签对应为二级＋机制币整体状态（以数字表示）

一级（高），标签对应为一级＋机制币整体状态（以数字表示）

5.2 墨印序列

墨印的等级评定采用平均评级法。

（一）墨印评级衡量要素、分值与排序（按版权细则）：

1. 清晰度与完整性（合计 40%）

a. 完整的且直观的辨识；

b. 易于辨识；

c. 有条件辨识；

d. 可能存在争议的辨识；

e. 存在争议的辨识；

f. 无法辨识。

2. 用途（25%）

a. 官方（政治、政府、行业、公估）；

b. 地名（包含地名＋年份）；

c. 吉语、民俗、箴言、诗句及其他（包含钱庄、银行、保险）；

d. 商号及人名；

e. 普通多字墨；

f. 普通单字墨；

g. 墨书。

3. 大小（15%）

a. 大于 80%；

b. 60%～80%；

c. 小于 60%。

4. 器型（10%）

a. 不规则图形；

b. 方形；

c. 圆形。

5. 艺术感(8%)

a. 图案＋文字；

b. 图案或文字；

c. 墨书。

6. 颜色(2%)

a. 白、蓝、绿、红、紫；

b. 黑。

7. 额外加分项(5%)

a. 寓意深刻；

b. 美观度(吸引力)；

c. 特别加分项(如稀缺性)。

总分值与级别关系：

1. 小于60分,无等级；

2. 60～70分,五级；

3. 71～80分,四级；

4. 81～90分,三级；

5. 91～95分,二级；

6. 大于95分,一级。

(二) 扣分与降级

1. 老墨新描(墨印修补),严重新描不入盒；

2. 人工清洗；

3. 人为擦拭和涂抹。

(三) 不入盒的结果

1. 未通过到代认证

指采用现代手法加盖和书写的墨印及墨书。

2. 墨印组意见不统一

指按现有的鉴证技术,墨印组无法取得有效的、一致的新老结论。

3. 存图待解

指该枚墨印已被判定为老墨,清晰度和完整度也尚佳,但墨印组因学识和认知所限,无法在当下解读出此墨印的内容。

此标识下的墨印将会被先行退回,墨印图片则会收录在待解数据库中由墨印组继续解读。

一旦解读成功,墨印组将发出召回通知。

4. 清晰度受限

指墨印因钱币流通和磨损导致清晰度不足,墨印组无法进行有效辨识,此标识下的墨印将会被退回,待见到清晰同款后,墨印组将发出召回通知。

(四)墨印序列各等级视图(图 5-1 至图 5-6)

无等级：

图 5-1

五级：

图 5-2

四级：

图 5-3

三级：

图 5-4

二级：

图 5-5

一级：

图 5-6

5.3 戳记序列

戳记的等级评定采用平均评级法。

（一）戳记评级衡量要素、分值与排序（按版权细则）：

1. 清晰度与完整性(合计 40%)

a. 完整的且直观的辨识；

b. 易于辨识；

c. 有条件辨识；

d. 可能存在争议的辨识；

e. 存在争议的辨识；

f. 无法辨识。

2. 字数与图案(25%)

a. 章刻带框三个字及以上（阳刻）；

b. 章刻带框两个字（阳刻、包含图案、带框三个字阴刻）；

c. 章刻带框一个字（阳刻、包含手工刻画、带框两个字阴刻）；

d. 不带框三个字及以上（带框一个字阴刻）；

e. 不带框两个字；

f. 不带框一个字。

3. 用途(12%)

a. 官方、行业；

b. 商号；

c. 其他。

4. 器型(8%)

a. 方形、规则图形；

b. 圆形；

c. 不规则图形（包含字母、数字、符号及其他）。

5. 艺术感(8%)

a. 图案＋文字；

b. 图案；

c. 文字。

6. 大小(5%)

a. 单字大于币面铭文单字（包含图案、数字、字母）；

b. 单字略等于币面铭文单字（包含图案、数字、字母）；

c. 单字小于币面铭文（包含图案、数字、字母）。

7. 力道(2%)

a. 深峻无透打;

b. 透打。

8. 额外加分项(5%)

a. 寓意深刻;

b. 美观度(吸引力);

c. 特别加分项(如稀缺性)。

总分值与级别关系:

1. 小于60分,无等级;

2. 60~70分,五级;

3. 71~80分,四级;

4. 81~90分,三级;

5. 91~95分,二级;

6. 大于95分,一级。

(二) 扣分、降级、无级别

1. 老戳新修(醇记修补),严重新修不入盒;

2. 人工清洗;

3. 人工包浆遮盖;

4. 严重透打以及因严重透打而导致的币面或币体变形;

5. 无意义醇记(含涂鸦)。

(三) 不入盒的结果

1. 未通过到代认证

指采用现代手法加盖的醇记。

2. 评级师意见不统一

指按现有的鉴证技术,评级师团队无法取得有效的、一致的新老结论。

3. 存图待解

指该枚醇记已被判定为老戳,清晰度和完整度也尚佳,但评级师团队因学识和认知所限,无法在当下解读出此醇记的内容。

此标识下的醇记将会被先行退回,醇记图片则会收录在待解数据库中由评级师团队继续解读。

一旦解读成功,评级师团队将发出召回通知。

4. 清晰度受限

指醇记因钱币流通和磨损导致清晰度不足,评级师团队无法进行有效辨识,此标识下的醇记将会被退回,待见到清晰同款后,评级师团队将发出召回通知。

（四）醇记序列各等级视图（图 5-7 至图 5-12）

无等级：

图 5-7

五级：

图 5-8

四级:

图 5-9

三级：

二级：

图 5-10

图 5-11

一级：

图 5-12

5.4 吉帖序列

吉帖的等级评定采用平均评级法。

（一）吉帖评级衡量要素、分值与排序（按版权细则）：

1. 清晰度与完整性（合计 40%）

a. 完整的且直观的辨识（包含字帖不缺笔画）；

b. 易于辨识（包含字帖缺 1～2 笔）；

c. 有条件辨识（包含字帖缺 3～4 笔）；

d. 可能存在争议的辨识（包含字帖缺 5 笔及以上）；

e. 存在争议的辨识（包含不规则及无意义辨识、无识别意义）；

f. 无法辨识（包含仅存有字帖脱落后的痕迹）。

2. 类型（25%）

a. 帖纸＋墨书；

b. 图案帖纸；

c. 文字帖纸；

d. 其他形式帖纸。

3. 大小（15%）

a. 大于 80%；

b. 60%～80%；

c. 小于 60%。

4. 剪纸艺术感（10%）

a. 图案（不含无意义图形帖纸）；

b. 文字；

c. 其他（含无意义图形帖纸，归属于该项的不得分）。

5. 黏合度（8%）

a. 紧密黏合无翘起；

b. 80%以上无翘起；

c. 80%以下。

6. 颜色（2%）

a. 红色；

b. 其他颜色（包含原红色脱落变色后的颜色）。

7. 额外加分项（5%）

a. 寓意深刻；

b. 美观度（吸引力）；

c. 特别加分项（如稀缺性）。

总分值与级别关系：

1. 小于 60 分，无等级；

2. 60~70分,五级;
3. 71~80分,四级;
4. 81~90分,三级;
5. 91~95分,二级;
6. 大于95分,一级。

(二)扣分、降级、无级别

1. 老帖新修(帖纸修补),严重新修不入盒;
2. 人工添加胶水以加固;
3. 帖纸原色彩脱落、斑驳、表面遮挡锈;
4. 严重翘起;
5. 帖纸翻边。

(三)不入盒的结果

1. 未通过到代认证
指采用现代手法加贴的帖纸,包含帖纸三要素(贴纸、贴面、钱币表面)痕迹不吻合、老帖新贴。

2. 评级师意见不统一
指按现有的鉴证技术,评级师团队无法取得有效的、一致的新老结论。

3. 存图待解
指该枚帖纸已被判定为老帖纸,清晰度和完整度也尚佳,但评级师团队因学识和认知所限,无法在当下解读出此帖纸画面上的内容。
此标识下的帖纸将会被先行退回,帖纸图片则会收录在待解数据库中由评级师团队继续解读。
一旦解读成功,评级师团队将发出召回通知。

4. 清晰度受限
指帖纸因钱币流通和磨损导致清晰度不足,评级师团队无法进行有效辨识,此标识下的帖纸将会被退回,待见到清晰同款后,评级师团队将发出召回通知。

(四)吉帖序列各等级视图(图5-13至图5-18)

无等级:

图 5-13

五级：

图 5-14

四级：

图 5-15

三级：

图 5-16

二级：

图 5-17

一级：

图 5-18

5.5 美锈序列

美锈评级等级的生成需要从是否为人工锈、锈迹的色谱与色号、锈迹的层次、锈迹是否纯粹、锈迹有无严重遮盖钱币关键信息等角度进行综合评价。

（一）美锈序列基本评价要素：

1. 区别是否为人工锈，包括修补锈、局部上锈。
人工锈不符合自然美锈的定义，无法按美锈序列评级。

2. 锈迹符合美锈色谱的范畴。
在美锈序列的色谱里，排名前三的是朱砂结晶锈、蓝色锈和绿色锈。这三种锈色在相同情况下往往可以获得较高等级。

3. 锈迹层次要单薄，要区分有无侵蚀底板。
结构沉着污浊、严重腐蚀钱币底板的锈迹，评级师会给予扣分处理，而锈迹层次单薄、结构通透及轻盈往往会获得加分机会。

4. 要区分锈色是否纯粹。

不同锈色汇集,杂乱无章的锈迹会影响最终的等级。当锈迹的交织超过三种,比如江苏北部的锈迹,通常是蓝、灰、乳白、浅黑交织,新疆的锈则是以黑锈为主,这些锈色整体的欣赏美感会下降,美锈的客观评价会降低。

5. 锈迹有无严重遮盖钱币的铭文、图案与边齿。

严重遮盖钱币的铭文、图案与边齿,导致无法确认钱币基本信息,评级师将给予扣分与降级。相反地,锈迹层次单薄、结构通透,能够清晰显示钱币基本信息的,美锈的客观评价会提高。

6. 锈迹在币面的影响范围也是影响美锈等级的客观要素。

美锈的等级评定参照等级标准采用评价法(观察法与测量法)及平均评级法。

一级:

1. 双面天然朱砂结晶锈、绿锈、蓝锈、红绿蓝混合锈;
2. 锈迹自然纯粹,结构轻盈通透,分布均匀;
3. 锈迹层次单薄,无腐蚀底板,可以辨识全部字体和图案内容;
4. 币面锈迹均匀分布面积超过币面的五分之二,允许布满整个币面;
5. 突起遮挡厚锈面积不超过币面的五分之一;
6. 币面没有黑锈、灰白锈、黄褐锈等其他锈迹或斑驳状锈迹;
7. 币面状态等级在近未使用及以上。

二级:

1. 允许单面天然朱砂结晶锈、绿锈、蓝锈、红绿蓝混合锈;
2. 锈迹自然纯粹,结构轻盈通透,分布均匀;
3. 锈迹层次单薄,无腐蚀底板,可以辨识字体和图案内容;
4. 币面锈迹均匀分布面积超过币面的五分之二,允许布满整个币面;
5. 突起遮挡厚锈面积不超过币面的五分之一;
6. 币面没有黑锈;
7. 币面状态等级在近未使用及以上。

三级:

1. 支持双面天然锈迹(包含单面朱砂结晶锈、绿锈、蓝锈,其他除黑锈、灰白锈、黄褐锈外的锈迹,另一单面混合锈);
2. 锈迹自然纯粹,结构通透,允许有局部厚锈及沉浊锈,分布均匀;
3. 锈迹层次单薄,无腐蚀,基本可以辨识字体和图案内容;
4. 币面锈迹均匀分布,面积超过币面的五分之二或存在双面环锈;
5. 突起遮挡厚锈面积不超过币面的五分之二;
6. 币面没有黑锈;
7. 币面状态等级在极美品及以上。

四级：
1. 允许单面天然锈迹（包含单面混合锈、双面混合锈）；
2. 锈迹自然纯粹，允许有点状厚锈及沉浊锈，分布均匀；
3. 锈迹层次允许局部厚重，无底板腐蚀，有条件辨识字体和图案内容；
4. 币面锈迹分布面积超过币面的五分之一；
5. 突起遮挡厚锈面积不超过币面的五分之三；
6. 币面允许有局部黑锈，中心区域除外；
7. 币面状态等级在极美品及以上。

五级：
1. 币面天然锈迹（包含混合锈）；
2. 锈迹自然纯粹，允许有块状厚锈及沉浊锈；
3. 锈迹层次允许块状厚重，无底板腐蚀，允许有存在争议的辨识字体和图案内容；
4. 币面锈迹分布面积超过币面的五分之一；
5. 突起遮挡厚锈面积不超过币面的五分之四；
6. 币面允许有黑锈；
7. 币面状态等级在美品及以上。

（二）高客观评价、晋级
1. 纯粹的朱砂结晶锈、绿锈和蓝锈；
2. 币面炫目银光穿透层次单薄的天然锈迹；
3. 引人入胜的美观度及其他（包含环锈）。

（三）低客观评价、降级、无等级
1. 老锈新修（美锈修补），严重新修不入盒；
2. 人工清洗锈及残留；
3. 锈迹腐蚀底板；
4. 重度黑锈；
5. 锈迹欠通透，严重遮盖铭文及图案；
6. 锈色脱落、斑驳、严重不均匀、突起遮挡锈布满整个币面；
7. 币面锈迹分布面积不足币面的五分之一。

（四）不入盒的结果
1. 人工假锈
指采用现代手法后加的锈，或给予银标产品代码入盒，并在"评级说明"中做相关标注。
2. 评级师意见不统一
指按现有的鉴证技术，评级师团队无法取得有效的、一致的锈迹新老结论。
3. 无法识别钱币真伪或钱币具体信息
指币面锈迹严重，突起遮挡锈布满整个币面及边齿，评级师团队无法识别钱币真伪和钱币表面具体信息（包含铭文和图案）。

（五）美锈序列各等级视图（图 5-19 至图 5-24）

无等级：

图 5-19

五级：

5 中式评级中式评级标准评级实务(金标)

图 5-20

四级：

图 5-21

169

三级：

图 5-22

二级：

图 5-23

一级：

图 5-24

5.6 炫彩序列

炫彩评级等级的生成需要从是否为人工彩、炫彩的色谱与色号、彩浆的层次、彩浆是否纯粹、彩浆有无严重遮盖钱币关键信息等角度进行综合评价。

（一）炫彩序列基本评价要素：
1. 区别是否为人工彩，包括修补彩、局部上彩及清洗后上彩。
人工彩不符合炫彩的定义，无法按炫彩序列评级。
2. 彩浆符合炫彩色谱的范畴。
在炫彩序列的色谱里，弄堂彩可以细分为杏黄彩、落日彩、蟹壳彩、枫叶彩、红衫彩、酱油彩、老酱彩以及上述彩浆的有层次的、渐变的混合彩、环彩。弄堂彩系列可以获得较高的评价和等级。
坑洞彩、坑头彩亦然。

3. 彩浆在币面的影响范围是影响炫彩等级的重要因素。

环彩、彩浆占比超过一定比例及布满整个币面的均匀的、有层次的彩浆，往往会获得较高评价和等级。

4. 彩浆层次要单薄，要区分有无侵蚀底板。

结构沉着污浊、腐蚀钱币底板的黑色彩浆，评级师会给予扣分处理，而彩浆层次单薄、结构通透及轻盈往往会获得加分机会。

5. 要观察彩浆是否纯粹，包含有层次的渐变及融合。

色彩统一的彩浆以及有层次自然渐变的彩浆会提高钱币整体的欣赏美感，炫彩的客观评价会提高。

6. 彩浆有无严重遮盖钱币的铭文、图案与边齿。

严重遮盖钱币的铭文、图案与边齿，导致无法确认钱币基本信息，评级师将给予扣分与降级。相反地，炫彩层次单薄、结构通透、均匀统一、彩浆层次融合渐变，能够清晰显示钱币基本信息的，炫彩的客观评价会提高。

炫彩的等级评定采用评价法（观察法与测量法）及平均评级法。

一级：
1. 双面天然生成的弄堂彩及归属的细分（包含天然坑洞彩、坑头彩）；
2. 彩浆自然纯粹，有层次的、渐变的混合彩及环彩，结构轻盈通透，分布均匀，无人为因素介入；
3. 彩浆层次单薄，无腐蚀底板；
4. 币面彩浆均匀分布占比超过币面的五分之三，允许布满整个币面；
5. 中心区域没有划伤，整个币面没有突起覆盖物，没有斑点，没有黑锈等锈迹污染；
6. 中心区域允许有轻微擦痕，币缘允许有绿锈、红锈及除黑锈外的其他锈迹轻微存在；
7. 币面状态等级在近未使用及以上。

二级：
1. 允许单面天然生成的弄堂彩及归属的细分（包含天然坑洞彩、坑头彩）；
2. 彩浆自然纯粹，有层次的、渐变的混合彩，环彩及月牙彩，结构轻盈通透，分布均匀，无人为因素介入；
3. 彩浆层次单薄，无腐蚀底板；
4. 币面彩浆均匀分布占比超过币面的五分之三，允许布满整个币面；
5. 币面没有黑锈，除中心区域外允许有轻微斑点；
6. 中心区域允许有轻微划伤，允许有轻微突起覆盖物，币面除中心区域外允许有轻微的绿锈、红锈及除黑锈外的其他锈迹；
7. 币面状态等级在近未使用及以上。

三级：
1. 双面天然生成的彩浆；
2. 彩浆自然纯粹，有层次的、渐变的混合彩，结构通透，允许有厚彩，分布均匀；
3. 币面彩浆均匀分布占比超过币面的五分之二，允许布满整个币面；

4. 中心区域允许有轻微划伤，币面允许有少量的突起覆盖物，币面允许有轻微的绿锈、红锈及除黑锈外的其他锈迹；

5. 币面没有黑锈，除中心区域外允许有少量斑点；

6. 币面状态等级在极美品及以上。

四级：

1. 允许单面天然生成的彩浆；

2. 彩浆自然纯粹，有层次的、渐变的混合彩，允许有厚彩，分布均匀；

3. 币面彩浆均匀分布占比超过币面的五分之一，允许布满整个币面；

4. 中心区域允许有划伤，币面允许有局部突起覆盖物，币面允许有少量的绿锈、红锈及除黑锈外的其他锈迹；

5. 币面没有黑锈，币面允许有局部斑点；

6. 币面状态等级在极美品及以上。

五级：

1. 允许单面天然生成的彩浆；

2. 彩浆自然纯粹，允许有厚彩，分布均匀；

3. 币面彩浆均匀分布占比超过币面的五分之一，允许布满整个币面；

4. 中心区域允许有划伤，币面允许有局部突起覆盖物，允许有少量的绿锈、红锈及其他锈迹；

5. 币面允许轻微黑锈，允许有斑点；

6. 币面状态等级在美品及以上。

(二) 高客观评价、晋级

1. 天然生成的弄堂彩及其归属的细分；

2. 坑洞彩、坑头彩；

3. 币面炫目银光穿透层次单薄的天然彩浆；

4. 引人入胜的美观度及其他（包含环彩）。

(三) 低客观评价、降级、无等级

1. 老彩新修（炫彩修补），严重新修不入盒；

2. 人工清洗及擦拭；

3. 彩浆脱落、斑驳、严重不均匀、突起遮挡物布满整个币面；

4. 币面中、重度黑锈；

5. 锈迹污染彩浆，无法识别炫彩归属。

(四) 不入盒的结果

1. 人工后上彩

指采用现代手法后加的彩，仅给予无级别或给予银标产品代码入盒，在"评级说明"中做相关标注。

2. 评级师意见不统一

指按现有的鉴证技术，评级师团队无法取得有效的、一致的炫彩新老结论。

3. 无法识别钱币真伪或钱币具体信息

指突起遮挡物布满整个币面及边齿,评级师团队无法识别钱币真伪和钱币表面具体信息(包含铭文和图案)。

(五)炫彩序列各等级视图(图 5-25 至图 5-30)

无等级:

图 5-25

5 中式评级中式评级标准评级实务(金标)

五级：

图 5-26

四级：

图 5-27

三级：

图 5-28

二级：

一级：

图 5-29

图 5-30

6

中式评级谢尔顿标准评级实务（银标）

瀑布半天上，飞响落人间。莫言此潭小，摇动匡庐山。

——《开先寺》〔明〕·李梦阳

钱币评级，就是确定一枚钱币新旧程度及品相优劣的过程。

这是一个客观科学的过程，传统意义上人们就经常用品相一般、品相较好、很好、品相完美等比较模糊的词来描述一枚钱币的外观。

由于钱币的新旧程度对其价值的影响非常大，简单的缺少标准化的钱币品相描述方式显然是不利于市场交易的。

经过长期的发展，人们逐渐建立了一套相对客观和标准化的钱币评级标准，而这套标准却起源于钱币历史较短的美国。

在美国，较早的评级方式同样使用较含糊的词来给钱币分类。到了20世纪50年代，威廉·谢尔顿（William·H. Sheldon）在他的书中第一次提出了谢尔顿标准，这个标准使用数字来表示币的新旧和品相，数字的范围为1~70。

谢尔顿标准，也称数字评级法，目前已是国际上公认的评级标准。对于银元，国内外评级公司几乎都采用这类标准。

由于送评银元的保存环境、流通状态和流通因素不同，每一枚银元所呈现出来的表面包浆和状态也不尽相同，有些具有浓郁的中国特有的社会因素（墨印、钢戳、帖纸）和自然因素（美锈、炫彩），也有些呈现的是银光闪闪的原光。

中式评级尊重钱币的社会属性和自然属性，提倡让钱币自主选择评级标准。中式评级银标系列产品采用大家熟知的谢尔顿评级标准（70分评级制），并在标签中加注CSR（Chinese Style Rating，中式评级的英文缩写）予以识别。

应用要诀

中式评级谢尔顿标准按数字1~70确立钱币的等级，最高分为70分。该标准的主要等级有F、VF、XF、AU、MS等，每个等级对应不同的评分标准，每个评分标准的确立都有对应的分数呈现。

该标准的等级设置为等级+数字范围，等级随着数字的擢升而调整。

F等级对应的数字为12、15；VF等级的对应数字为20、25、30、35；XF等级对应的数字为40、45；AU等级对应的数字为50、53、55、58；MS等级对应的数字为60、61、62、63、64~70。

在等级的设定中F（F、VF、XF）大类考量钱币的表面是否存在磨平及高点磨平区域；AU大类考量钱币的表面是否存在高点磨损及划痕；而MS的大类考量要点是钱币表面是否存在划痕或划伤。

产品序列对应标签为银标，采用共识评级法。共识评级法的定义是指有三名评级师参与评级，如果前两名评级师打出了相同的分数，则这一分数被系统确认为评级结果；如果前两名评级师评出了不同结果，则交由第三名评级师评定。最终评级分数的产生由系统取三名评级师的综合分数。

中式评级谢尔顿评级标准分值构成模式：CSR＋等级＋分数。

CSR AU55，此等级的意思是钱币的等级为AU（近未使用），按评分细则的描述，AU等级的主要考量要素为币面银光浮现、细节完整、高点有磨损。"55"这个数字则代表钱币的整体状态（数字状态分的构成参考谢尔顿标准的评级细则，共有八项打分标准）。

符合谢尔顿评级标准的钱币可以封装进银标盒。

中式评级谢尔顿标准见表6-1。

表 6-1　中式评级谢尔顿标准

MS/PF-70	压印时完整压印
MS/PF-69	几乎只有极少的压印瑕疵，近乎必要的完整压印
MS/PF-68	几乎只有少许压印瑕疵，仅允许最为轻微的压印瑕疵
MS/PF-67	几乎只有轻微压印瑕疵，压印非常良好
MS/PF-66	中心区域有少处轻微划痕/细线，压印良好
MS/PF-65	轻微划痕/细线，尽管中心区域没有，压印在平均水平以上
MS/PF-64	少处划痕/细线或几处严重划痕/细线，压印应为平均水平或以上
MS/PF-63	有些磨损/大小的划痕/细线，压印可能不完整
MS/PF-62	无磨损。较少划痕/细线，压印可能不完整
MS/PF-61	无磨损。多处划痕/细线，压印可能不完整
MS/PF-60	无磨损。可能有许多处划痕/细线，压印不完整
AU58	细部完整，凸起部分轻微磨损
AU55	细部完整，币面磨损不超过一半，凸起部分基本完好
AU53	细部完整，币面过半或大部分磨损，凸起部分的磨平非常轻微
AU50	细部完整，币面大部分磨损，凸起部分轻微磨平
XF45	细部完整，部分凸起部分磨平
XF40	细部完整，大部分凸起部分轻微磨平
VF35	细部完整但有磨损，凸起部分磨平
VF30	细部几乎完整，存在磨平区域
VF25	较多可见细部及钱文
VF20	有些部分可见细部，钱文全部完整且清晰
F15	凹陷区域较多细部，钱文全部清晰可见
F12	部分凹陷区域仍有细部，钱文全部清晰可见
VG10	图案磨损，有轻微细部，较为清晰
VG8	图案磨损，有轻微细部
G6	边缘完整，细部磨平，周围钱文完整
G4	边缘轻微磨损，细部磨平，周围钱文接近完整
AG3	边缘缺损，大部分钱文虽有破损但仍清晰可读
FR2	大部分磨损，尽管仍有部分细部可见
PO1	可识别日期与类型

中式评级谢尔顿标准各分值视图见图 6-1 至图 6-16。

VF25 视图：

币面及高点存在磨平区域

图 6-1　北洋 25 年龙洋 VF25

VF30 视图：

高点存在磨平区域

图 6-2　北洋 29 年龙洋 VF30

VF35 视图：

存在弱打区域

图 6-3　孙像开国纪念币 VF35

XF40 视图：

高点存在磨平区域

图 6-4　北洋 29 年龙洋 XF40

XF45 视图：

高点存在部分磨平区域

图 6-5　袁像八年 XF45

AU50 视图：

高点存在磨损区域

图 6-6　大清银币 AU50

AU53 视图：

高点存在磨损区域

图 6-7　湖北光绪龙洋三钱六分 AU53

AU55 视图：

高点存在磨损区域

图 6-8　黎像开国纪念币 AU55

AU58 视图：

高点存在磨损区域

图 6-9　黎像开国纪念币（带帽版）AU58

MS60 视图：

存在重度划痕或划伤区域
图 6-10　袁像三年 MS60

MS61 视图：

存在中度、多处划痕或划伤区域
图 6-11　袁像八年 MS61

MS62 视图：

存在轻度划痕或较少划伤区域
图 6-12　袁像九年 MS62

MS63 视图：

存在少量划痕或划伤区域
图 6-13　袁像九年（精发版）MS63

MS64 视图：

存在少许划痕或划伤区域
图 6-14　袁像十年 MS64

MS65 视图：

存在轻微划痕
图 6-15　孙像二十三年船洋 MS65

MS66 视图：

存在细微划痕

图 6-16　袁像十年 MS66

中式评级谢尔顿标准部分代码视图见图 6-17 至图 6-21。

币面存在人工修补

图 6-17　造币总厂龙洋

97

币面有污染
图 6-18 孙像二十二年船洋

95

币面存在划痕
图 6-19 四川宣统龙洋

92

币面存在人工清洗及划痕(含擦痕)
图 6-20 湖北宣统龙洋

91

币面存在可疑包浆
图 6-21 袁像八年

7

中国各省份银元铸造发行及部分在华流通外国银元简述

那知石上喧，却忆山中静。

——《山下泉》〔唐〕·皇甫曾

广东省铸银元

广州作为中国最大、历史悠久的对外通商口岸，也是中国最早设厂、用造币机器生产仿西式钱币的省份。

光绪十三年（1887年2月），两广总督张之洞奏请开设银元局制造钱币，试图扭转货币主导权下移、纹银外流的局面。

清廷批复后，张之洞致电驻英公使刘瑞芬，向英国喜敦厂定购机器，在广州大东门外黄华塘建造厂房，由蔡锡勇、薛培榕担任监修工程员，于光绪十三年七月兴工，光绪十五年（1889年）二月竣工，定名为广东钱局。该年四月二十六日开炉鼓铸制钱，拉开了中国自铸银元等机制铸币的序幕。

广东钱局于光绪十五年（1889年）建成并与当年开铸。按时间顺序依次铸造有"七三系列"银元、"七二反版"银元、"广东省造光绪元宝"银元。

该钱局还铸有"广东寿字壹两"银元，存世稀少，极为珍贵。

宣统二年（1910年），开铸"广东省造宣统元宝"银元。

湖北省铸银元

两广总督张之洞在广州创办了广东钱局后，在量产前于光绪十五年（1889年）奉命调到湖北，任湖广总督。

光绪十九年（1893年）张之洞以湖北省"据江皖上游，地当南北要冲，兼为华洋通商口岸，商贾云集，用钱最广。但市面因制钱短缺渐形萧条，奏请援照广东成案开铸银元"上奏朝廷。

奉旨准允后，选用武昌阅马场的守备署改建成厂房，并从德国购买造币机器，遂筹建湖北省银元局。

光绪二十一年（1895年）湖北银元局仿造广东省银元式样铸造出五种大小龙图银币，呈送朝廷御览后获准流通，成为了继中国广东后的第二家银元铸造厂。

湖北银元局所铸钱币主要有"湖北省造光绪元宝"银元、"湖北省造光绪元宝加字本省"银元、"湖北省造大清银币壹两"银元、"湖北省造宣统元宝"银元、"袁世凯像贰角鄂造"银角等。

南京铸银元

光绪二十二年（1896年），户部鉴于广东、湖北两局铸造银元成效良好而通令沿江沿海各省自铸银元。

南洋大臣刘坤一接户部通令，当年即奏请要求建立铸币厂。经清廷批复后委托上海瑞生洋行向英国喜敦厂订购全套铸币机器。

选址在南京城西水关内云台闸南岸设立江南铸造银元制钱总局，名为"江南铸造银元制钱总局"。

该局所产的银元均标有"江南省造"，而实际上江南省在清代康熙年间就已不复存在。故此银元局所铸钱币也成为了中国银元铸币史上的一个特例。

江南铸造银元制钱总局自光绪二十三年（1897年）开始，连续铸造了九个年份的龙洋，除首年开铸的江南省造"光绪元宝"（俗称老江南）银元外，其余均加有干支纪年标注年份，从"戊戌"到"乙巳"共计八个纪年品种。

中华民国成立后，曾改名为"中华民国财政部造币总厂"，先后铸有孙中山像开国纪念币、袁世凯像银元、孙中山像陵墓纪念币等。

天津铸银元

"天津机器局"始建于同治六年(1867年),分东局和南局,最早为官办军用企业,由三口通商大臣崇厚创设于天津。

光绪二十一年(1895年),光绪帝变法中兴,改天津机器局为北洋机器局。

光绪二十二年(1896年)时任直隶总督王文韶向清廷奏请为北洋机器局添购机器后试造银元。准奏后于当年十月开铸"大清光绪二十二年北洋机器局"银元,面额壹圆、五角、二角、一角、半角五种。它是中国最早以圆计值的银币。

光绪二十五年(1899年)停铸风波后,币文和图案仿效广东龙洋,改铸"北洋造光绪元宝"银元,计值改为计重,库平七钱二分。

光绪二十九年(1903年),清政府整顿财政设"铸造银钱总厂",其造银铜币机器设备由天津德商瑞记洋行向美国订购。

光绪三十三年(1907年)开始制造银元,但因币制未定,没有正式发行。次年铸造发行"造币总厂光绪元宝"银元(七钱二分、一钱四分四厘、七分二厘)。

光绪三十四年(1908年)是北洋造发行的最后一个年份,铸造数量和精美程度均达到巅峰,存世量大,版别多样,极具收藏价值。

宣统二年(1910年),清政府颁布《币制则例》,铸造"大清银元"。据《币制则例》明令,"国币单位,定名曰元",定"元"为单位,定银元为国币,标准趋于统一。

宣统三年(1911年),其又铸造了"宣统三年大清银币"银元。

民国元年(1912年),天津造币总厂先后铸有孙中山像开国纪念币、袁世凯像共和纪念币等。

民国三年(1914年),根据《中华民国国币条例》,开铸袁世凯像银币(俗称"袁大头"),主要有民国三年、民国八年、民国九年、民国十年等系列,该版俗称中央版、天津版。

西藏铸银元

西藏从清乾隆年间开始建有造币厂,主要手工制造薄片状银元。这一时期先后制有"乾隆宝藏""嘉庆宝藏""道光宝藏""同治宝藏"等,流通较广的还有"久松""久阿""章噶"等系列银元。

宣统元年(1909年),西藏采用水动力机器设备在拉萨城北建立扎西造币厂,开铸了"宣统宝藏"银元。同年开始铸造"格桑章噶""桑康果木""雪阿果木"等银元。

民国时期,西藏主要铸有"甘丹颇章章噶""桑松果木"等银元。

广西铸银元

广西造币厂于光绪三十一年就已获准设立,但因种种原因直至民国八年(1919年)才开始铸造贰毫银币。民国九年(1920年)增铸壹毫银币。

民国十年(1921年)至民国十六年(1927年)每年均有铸造壹毫及贰毫银币。

1949年,广州国民政府宣布恢复银本位,广西造币厂新开铸贰角银币,由于银币背面选用广西名胜漓江象鼻山图案,俗称"象鼻山"银币。

上海铸银元

咸丰四年(1854年),上海江海关成立,委托英国皇家造币厂铸造一套五枚银币,主币正面内圈横书从右向左读"关平"、直书"银壹两",外固有直读"中外通宝"四字;背面内圈为太极八卦阴阳图,外圈是首尾相接的两条龙纹,该币后未流通。

咸丰六年(1856年),为抵制外国银元,上海县王永盛、郁森盛、经正记三家商号铸造"上海银饼",重量为漕平一两和五钱两种。

上海造币厂于民国九年(1920年)经北洋政府核准后开始筹建至民国十九年(1930年)竣工。

民国二十一年(1932年),铸造"孙中山像壹圆银币",该币正面为孙中山五分侧面像,上环列"中华民国二十一年",背面中央为双帆船,海面波浪起伏,东方旭日初升,光芒四射,空中翱翔三只海鸥,寓意"国运""一帆风顺""旭日东升",左右分列"壹圆"。该币后因故被政府收回,存世量较少。

民国二十二年(1933年)上海中央造币厂铸造孙中山像民国二十二年帆船银币,面值壹圆。该币正面为孙中山身着汉装的五分侧面像,上环列"中华民国二十二年";背面中央为海面上一艘双帆船,左右分列币值"壹圆",直径39毫米,重量26.6克,成色88%。

民国二十三年(1934年),上海中央造币厂铸造孙中山像民国二十三年帆船银币,面值壹圆。该币正面为孙中山身着汉装的五分侧面像,上环列"中华民国二十三年";背面中央为海面上一艘双帆船,左右分列币值"壹圆",直径39毫米,重量26.6克,成色88%。

民国二十四年(1935年),上海中央造币厂铸造孙中山像民国二十四年帆船银币,面值有壹圆和中圆两种,样币未流通。

民国三十七年(1948年)10月10日,恢复铸币生产,铸造民国二十三年孙像帆船银币。

福建铸银元

道光二十四年(1844年),福建漳州就已铸有"漳州军饷"银币,币重七钱四分,属于早期试铸银币,为清政府发放军饷之用。

到了清末民初时期,彼时的福建省不是一个富裕的地方,所以其钱币交易几乎都是以小银毫为主。

光绪二十年(1894年),福州东街乡绅孙葆晋经闽浙总督准许后集股开设商办银元局,两年后改为官办银元局,实行官督绅办。其间铸造了三种"福建省光绪元宝"银毫,俗称"寿星龙",光绪二十五年(1899年)停铸。

光绪二十六年(1900年),闽浙总督许应骙奏请清政府同意,在原银元局的基础上筹建福建官银局,两年后经度支部批准成立,开铸福建官局造"光绪元宝"银元。

宣统二年(1910年)因《币制则例》该局遭遇裁撤。

宣统三年(1911年)辛亥革命爆发,福建建立了"中华军政府闽都督府",福建银币厂开铸辛亥"闽"字中华元宝贰角银毫。

民国时期,福建省先后造有"中华元宝""中华癸亥""民国甲子""中华民国十三年贰毫银币"等。

民国十七年(1928年)至民国二十一年(1932年)铸造"黄花岗纪念币",计有贰角、壹角两种币值。

藏友间约定俗成的"福建版"大头(该版有壹圆、中圆、贰角、壹角面额)目前并无史料记载乃福建地方铸。

湖南铸银元

光绪二十四年（1898年），湖南效仿广东和湖北自造银元，巡抚陈宝箴在长沙设立湖南银元局。全套造币设备及其模具均从英国喜敦造币厂订购。当年铸造有"光绪元宝"一钱四分四厘、七分二厘、三分六厘银毫。

同年开铸"湖南省造光绪元宝 戊戌"，次年铸有"湖南省造光绪元宝 己亥"，均仅有库平七分二厘一种币值。

湖南省在清末时期多用银饼交易，且湖南造币厂自铸银元在流通领域没有主币是造成如今湖南省造的银元种类稀少的主要原因。但其在民国十一年（1922年）铸造的"湖南省宪成立纪念币"是民国时期著名珍稀银币。

云南铸银元

云南省在清光绪和宣统年间，铸造有"云南省造光绪元宝"和"云南省造宣统元宝"。

民国时期多次沿用"云南省造光绪元宝"旧模铸有大量主币及辅币，为同旧版区分，民间俗称"新云南"。

值得一提的是，云南省在宣统二年（1910年），铸有"庚戌春季云南造宣统元宝"。该币未发行，是目前已知唯一加铸季节的银元，极为珍稀。

民国时期主要铸有"唐继尧侧面像""唐继尧正面像""云南省造半圆""云南省造贰角银币"。

在中华人民共和国成立前亦铸有袁世凯像壹圆和孙中山像船洋壹圆。

甘肃铸银元

甘肃省造币最早是在天水市的陇南机器局，民国十七年（1928年），该局迁址兰州改名为甘肃造币厂，陆续铸造袁世凯像壹圆和孙中山像船洋壹圆。

民国二十四年（1935年）改名为中央造币厂兰州分厂。

甘肃省所造的加字版三年"袁大头"，有记载是在1930年邓隆担任甘肃造币厂监督时所造。

贵阳铸银元

民国十六年（1927年），贵阳造币厂开铸银元，仿铸孙中山像开国纪念币，因成色较差，遭外省强烈抵制。

民国十七年（1928年），开铸并发行了贵州银币，俗称"汽车币"，次年停铸。

1949年铸造"贵州省民国三十八年竹枝"银元，面值壹圆。

新疆铸银元

新疆铸币最早可以追溯到清道光年间，据记载，道光十年（1830年）就已开铸面值库平一钱银毫。

光绪十五年（1889年）开始，新疆各地都开始试铸银元。

因新疆聚居民族较多，铸造并进入流通的银元品种繁多，且大部分都包含满、汉、回三种文字。

民国元年（1912 年），由于原中央政府拨付新疆的饷银中断，出现严重的财政赤字，新疆都督兼省长杨增新将库存的白银铸造以两、钱为单位的银币，弥补财政，主要用于支付军饷。

民国元年，迪化银元局铸造民国元年"壬子饷银"，面值为一两、伍钱。

同年，喀什造币厂铸造"中华民国新疆喀造饷银"。此后几年持续有制造"中华民国新疆喀造饷银"系列。

民国六年（1917 年），迪化银元局铸造中华民国六年壹两，沿用湘平纪重。

民国七年（1918 年），迪化银元局铸造民国七年迪化壹两，沿用湘平纪重。

1949 年，新疆省造币厂开铸了一元银币，重库平七钱二分，成色九成，纪年有"民国卅八年"和"一九四九年"两种。

安徽铸银元

光绪二十三年（1897 年）安徽获准开办银元局，设立安庆造币厂，其后铸造银元"安徽省造光绪元宝"，银元字面加注有年份。

光绪三十二年（1906 年）改名为度支部安庆造币分厂。

民国三年（1914 年）再次更名为安庆造币厂。

民国时期币制局批准在安庆造币厂开铸银元，并颁发祖模，其后安庆造币厂铸有大量袁像民国八年银元，后因其所铸银元成色严重不足，被其他各省强烈抵制。最终，财政部收缴祖模，安庆造币厂铸币结束。

四川铸银元

光绪二十二年（1896 年），四川经清廷批准后在成都机器局内开办银元局。

光绪二十四年（1898 年），开铸"四川省造光绪元宝"龙洋，面值分别为七钱二分、三钱六分、一钱四分四厘、七分二厘、三分六厘。

光绪二十八年（1902 年），开铸四川卢比，俗称四川藏洋，币正面为光绪皇帝半身侧面像，面值有三种，分别是三钱二分、一钱六分、八分三厘。

宣统元年（1909 年），开铸"四川省造宣统元宝"龙洋，共五种，币值分别是七钱二分、三钱六分、一钱四分四厘、七分二厘、三分六厘。

民国时期，成都造币厂主要铸造"军政府造四川大汉银币"和"四川卢比"两种银元。

中华人民共和国成立后，1951 年至 1954 年间中共西南局令成都造币厂铸袁像大头三年银元，此版后被称为"三角圆"版。

墨西哥鹰洋

墨西哥鹰洋，是 1821 年墨西哥独立后使用的新铸币，1823 年开始铸造。

从 1823 年开铸到 1905 年停铸，历时 83 年，发行时间长，发行量巨大。

鹰洋自鸦片战争后开始大量流入我国。

鹰洋版别繁多，可以按照发行年份、造币厂的不同、图案、面值、边齿和字母的变位等方面的差异来区分,但主要分为花边鹰洋、直边鹰洋及天平书剑鹰洋三大系列版别。

西班牙双柱

西班牙双柱银元实际是在墨西哥铸造的,明万历年间流入中国,当时称为"本洋银币"。本洋银币的重量、成色划一,以个数计值流通,其以交易收受方便而为民所乐用。

西班牙双柱主要分"双球双柱"和"人像双柱"两种,后者大量进入我国的货币流通,主要有卡洛斯三世、卡洛斯四世和费迪南七世等版别,面额有 8R、4R、2R、1R、1/2R 和 1/4R 六种。

英属站洋

英属站洋是清末民初,由英国政府先后在英国伦敦、印度孟买、加尔各答和中国香港等地制造,在中国广泛流通的外国货币之一。

站洋虽为英国铸造,但其独特之处在于正背面的边缘都是由一圈回形纹构成,背面中心有一个篆书繁体的寿字,币面上集英文、中文、马来西亚文三国文字于一体,这在世界铸币史上也是非常罕见的。

英属站洋主要通流的版别有暗记 B 版、暗记 C 版、无铸记版等。

法属坐洋

坐洋银币是法属贸易银币,因银币正面有希腊自由女神坐像,俗称"坐洋"。该银元起初主要在东南亚地区发行,而我国的流通仅限于南方沿海地区,后期法兰西政府大量铸造输入我国,不久便成为清末民初在我国流通的主要外国银元之一。

"坐洋"由法国货币局的巴黎造币厂铸造,主币起初重量为 27.125 克,称为"加重版",后改为 27 克,称为"普通版"。"坐洋"由主币和辅币共 4 枚组成一套,主币壹元,辅币有"坐洋 50 分"也称"坐洋半圆""坐洋 20 分""坐洋 10 分"。

日本龙洋

日本自明治维新(1868 年)后实行银本位并开铸银元。日本银元的重量为 26.956 克,成色 90%,将"圆"定为日本的本位货币,铸有五钱、十钱、二十钱、五十钱、一圆五种面值。因币面铸有飞龙图案被称为龙洋或龙番。

"日本龙洋"最初盛行于新加坡、朝鲜、马来西亚等地。随着中日贸易的发展,"日本龙洋"开始从通商口岸进入中国。1897 年日本改行金本位后便大量输入中国,凭借着距离近、投放快的独特优势迅速在厦门、福州、汕头、沈阳、大连等地流通。

8

银元版别种类表

一条寒玉走秋泉,引出深萝洞口烟。
十里暗流声不断,行人头上过潺湲。

——《引水行》〔唐〕·李群玉

江南银元版别种类表

名称	币值	年份	版别	备注
老江南喜敦版样币	全套	1896	光边样币	
江南省造光绪元宝无纪年	库平七钱二分	1897	直边	
	库平七钱二分	1897	鹰洋边	
	库平三钱六分	1897		
	库平一钱四分四厘	1897		
	库平七分二厘	1897		
	库平三分六厘	1897		
	库平三分六厘	1897	混配戊戌龙	
江南省造光绪元宝戊戌	库平七钱二分	1898		
	库平七钱二分	1898	戊戌错置	
	库平七钱二分	1898	斜南版	
	库平七钱二分	1898	斜南版中心点实尾龙	
	库平七钱二分	1898	大胡子龙	
	库平七钱二分	1898	字面长内齿	
	库平七钱二分	1898	龙面长内齿	
	库平七钱二分	1898	双面长内齿	
	库平七钱二分	1898	珍珠龙	
	库平七钱二分	1898	凹眼龙	
	库平一钱四分四厘	1898	大字版	
	库平一钱四分四厘	1898	小字版	
	库平一钱四分四厘	1898	混配版	
	库平七分二厘	1898	大英文配老江南龙	
	库平七分二厘	1898	大英文 满文中心点	
	库平七分二厘	1898	小英文	
江南省造光绪元宝己亥	库平七钱二分	1899	老版龙	
	库平七钱二分	1899	新龙版	
	库平七钱二分	1899	龙面长内齿	
	库平三钱六分	1899		
	库平一钱四分四厘	1899	老版龙	
	库平一钱四分四厘	1899	深雕龙	
	库平一钱四分四厘	1899	新版龙	
	库平七分二厘	1899	大字版	
	库平七分二厘	1899	小字版	
	库平三分六厘	1899		

续表

名称	币值	年份	版别	备注
江南省造光绪元宝庚子	库平七钱二分	1900	满鳞版	
	库平七钱二分	1900	大字版	
	库平七钱二分	1900	大字小龙	
	库平七钱二分	1900	小字版	
	库平七钱二分	1900	八字庚	
	库平七钱二分	1900	弯平版	
	库平七钱二分	1900	眼镜龙	
	库平三钱六分	1900		
	库平一钱四分四厘	1900	八字庚	
	库平一钱四分四厘	1900	深雕龙	
	库平一钱四分四厘	1900	新版龙	
	库平七分二厘	1900	老版龙	
	库平七分二厘	1900	新版龙	
	库平三分六厘	1900		
江南省造光绪元宝辛丑	库平七钱二分	1901	大眼镜龙	
	库平七钱二分	1901	小眼镜龙	
	库平七钱二分	1901	圆眼龙	
	库平七钱二分	1901	垂眼龙	
	库平七钱二分	1901	壬寅龙	
	库平七钱二分	1901	六爪龙	
	库平七钱二分	1901	五点星	
	库平七钱二分	1901	六点星	
	库平一钱四分四厘	1901	新版龙	
	库平一钱四分四厘	1901	小龙	
	库平七分二厘	1901	竹叶尾龙	
	库平七分二厘	1901	波纹尾龙	
	库平三分六厘	1901		
江南省造光绪元宝壬寅	库平七钱二分	1902	斜头寅	
	库平七钱二分	1902	直头寅	
	库平七钱二分	1902	满文中心点	
	库平七钱二分	1902	甲辰龙	
	库平一钱四分四厘	1902	小龙	
	库平七分二厘	1902	斜头寅　波纹龙尾	
	库平七分二厘	1902	直头寅　波纹龙尾	
	库平七分二厘	1902	直头寅　竹叶尾龙	

续表

名称	币值	年份	版别	备注
江南省造光绪元宝癸卯	库平七钱二分	1903	无花星	
	库平七钱二分	1903	有花星	
	库平七钱二分	1903	出头卯	
	库平七钱二分	1903	甲辰龙	
	库平一钱四分四厘	1903	无花星	
	库平一钱四分四厘	1903	不出头卯	
	库平一钱四分四厘	1903	出头卯	
	库平七分二厘	1903	波纹尾龙	
	库平七分二厘	1903	竹叶尾龙	
江南省造光绪元宝甲辰	库平七钱二分	1904		
	库平七钱二分	1904	TH 版	
	库平七钱二分	1904	癸卯龙	
	库平七钱二分	1904	壬寅龙	
	库平七钱二分	1904	十字星	
	库平七钱二分	1904	错满文	
	库平七钱二分	1904	7 前点	
	库平七钱二分	1904	三点版	
	库平一钱四分四厘	1904		
	库平七分二厘	1904	波纹尾龙	
	库平七分二厘	1904	竹叶尾龙	
江南省造光绪元宝乙巳	库平七钱二分	1905		
	库平七钱二分	1905	甲辰龙	
	库平一钱四分四厘	1905	有 SY	
	库平一钱四分四厘	1905	无 SY	
	库平七分二厘	1905	有 SY	
	库平七分二厘	1905	无 SY	
江南省造宣统元宝	库平一钱四分四厘	1909—1911	无干支纪年	
	库平一钱四分四厘	1909—1911	满文中心点	
	库平七分二厘	1909—1911	波纹尾龙	

安徽银元版别种类表

名称	币值	年份	版别	备注
光绪二十三年安徽省造光绪元宝	库平七钱二分	1897		样币
	库平三钱六分	1897		样币
	库平三分六厘	1897		样币

续表

名称	币值	年份	版别	备注
安徽省造光绪元宝	库平七钱二分	1897		
	库平一钱四分四厘	1897	大龙	
	库平一钱四分四厘	1897	小龙	
	库平七分二厘	1897		
	库平三分六厘	1897		
光绪二十四年安徽省造光绪元宝	库平七钱二分	1898	A.S.T.C	
	库平三钱六分	1898	A.S.T.C	
	库平一钱四分四厘	1898	A.S.T.C	
	库平七分二厘	1898	A.S.T.C	
	库平七钱二分	1898	大花	
	库平七钱二分	1898	小花	
	库平一钱四分四厘	1898		
	库平七分二厘	1898		
戊戌安徽省造光绪元宝	库平七钱二分	1898		
	库平七分二厘	1898		
光绪二十五年安徽省造光绪元宝	库平三分六厘	1899		

云南银元版别种类表

名称	币值	年份	版别	备注
云南卢比光绪像	一卢比	1907		
云南省造光绪元宝（老龙）	库平七钱二分	1907		
	库平三分六厘	1907		
	库平一钱四分四厘	1907		
庚戌春季云南造光绪元宝	库平七钱二分	1910	样币	
云南省造宣统元宝（老龙）	库平七钱二分	1911		
	库平三钱六分	1911		
	库平三钱六分	1911	混配光绪龙	

续表

名称	币值	年份	版别	备注
云南省造光绪元宝（新龙）	库平七钱二分	1911	四空圈	
	库平七钱二分	1911	单圈	
	库平三钱六分	1911	四空圈	
	库平三钱六分	1911	三空圈	
	库平三钱六分	1911	二空圈	
	库平三钱六分	1911	三回珠	
	库平三钱六分	1911	二回珠	
	库平三钱六分	1911	大边花	
	库平三钱六分	1911	马尾珠	
	库平三钱六分	1911	军阀版	
	库平一钱四分四厘	1911	二空圈	
	库平一钱四分四厘	1911	三空圈	
	库平七分二厘	1911		
唐军长侧面像	库平三钱六分	1916		
唐军长正面像	库平三钱六分	1917	圈版	
	库平三钱六分	1917	网版	
云南省贰角双旗银币	贰角	1926	军民通用	
云南省半圆双旗银币	库平三钱六分	1932		双币值
云南省贰角双旗银币	库平一钱四分四厘	1932		双币值
云南省贰角胜利堂银币	贰角	1949		
富字银饼	一两	1943		
	半两	1943		
鹿头银饼	一两	1943	大鹿头	
	一两	1943	小鹿头	

四川银元版别种类表

名称	币值	年份	版别	备注
四川省造光绪元宝	库平七钱二分	1896	四川楷书体缶宝	样币
	库平三钱六分	1896	四川楷书体缶宝	样币
	库平一钱四分四厘	1896	四川楷书体缶宝	样币
	库平七分二厘	1896	四川楷书体缶宝	样币
	库平三分六厘	1896	四川楷书体缶宝	样币
	库平七钱二分	1898—1909	大头龙	
	库平七钱二分	1898—1909	大头龙长点绪	

续表

名称	币值	年份	版别	备注
四川省造光绪元宝	库平七钱二分	1898—1909	尖角龙小点绪	
	库平七钱二分	1898—1909	尖角龙长点绪	
	库平七钱二分	1898—1909	尖角龙大点绪	
	库平七钱二分	1898—1909	2误书3	
	库平七钱二分	1898—1909	狭面龙小点绪	
	库平七钱二分	1898—1909	狭面龙长点绪	
	库平七钱二分	1898—1909	狭面龙大点绪	
	库平七钱二分	1898—1909	阔面珍珠龙	
	库平七钱二分	1898—1909	阔面方鳞龙	
	库平七钱二分	1898—1909	阔面米粒龙	
	库平七钱二分	1898—1909	阔面方鳞龙折金版	
	库平七钱二分	1898—1909	阔面珍珠龙大点绪	
	库平七钱二分	1898—1909	剑毛龙素龙	
	库平七钱二分	1898—1909	剑毛龙霸王龙	
	库平七钱二分	1898—1909	剑毛龙无头车	
	库平七钱二分	1898—1909	剑毛龙大点绪	
	库平七钱二分	1898—1909	剑毛龙麒麟角	
	库平七钱二分	1898—1909	剑毛龙眯眼龙	
	库平七钱二分	1898—1909	剑毛龙丑龙	
	库平七钱二分	1898—1909	四角龙大肚龙	
	库平七钱二分	1898—1909	四角龙密须龙	
	库平七钱二分	1898—1909	四角龙双飞刺龙	
	库平七钱二分	1898—1909	四角龙山字眉龙	
	库平七钱二分	1898—1909	四角龙川字眉龙	
	库平七钱二分	1898—1909	四角龙猴面龙	
	库平七钱二分	1898—1909	四角龙猴面龙大点绪	
	库平七钱二分	1898—1909	四角龙瘦龙	
	库平七钱二分	1898—1909	异面兔龙	
	库平七钱二分	1898—1909	异面兔龙长点绪	
	库平七钱二分	1898—1909	异面鼠龙	
	库平七钱二分	1898—1909	异面乖乖龙	
	库平七钱二分	1898—1909	异面龅牙龙	
	库平三钱六分	1898—1909	大角龙	

续表

名称	币值	年份	版别	备注
四川省造光绪元宝	库平三钱六分	1898—1909	剑毛龙	
	库平三钱六分	1898—1909	山字眉	
	库平三钱六分	1898—1909	密须龙	
	库平三钱六分	1898—1909	无头车	
	库平三钱六分	1898—1909	龅牙龙	
	库平三钱六分	1898—1909	6误书8	
	库平一钱四分四厘	1898—1909	长须龙	
	库平一钱四分四厘	1898—1909	密须龙	
	库平一钱四分四厘	1898—1909	下缺口造	
	库平一钱四分四厘	1898—1909	竖四版	
	库平七分二厘	1898—1909		
	库平七分二厘	1898—1909	大V版	
	库平三分六厘	1898—1909		
	库平三分六厘	1898—1909	飘带版	
四川省造宣统元宝	库平七钱二分	1909—1911		
	库平七钱二分	1909—1911	倒A版	
	库平七钱二分	1909—1911	米粒龙	
	库平三钱六分	1909—1911		
	库平一钱四分四厘	1909—1911		
	库平七分二厘	1909—1911		
	库平三分六厘	1909—1911		
四川卢比	一期	1902—1911	无领横花葫芦花	
	一期	1902—1911	无领横花空心花	
	一期	1902—1911	无领竖花四上有叶	
	一期	1902—1911	无领竖花四上无叶	
	一期	1902—1911	有领竖花四上有叶	
	一期	1902—1911	有领竖花四上无叶	
	一期	1902—1911	有领竖花蝴蝶花	
	二分之一	1902—1911	无顶珠	
	二分之一	1902—1911	小顶珠	
	二分之一	1902—1911	大顶珠	
	四分之一	1902—1911	小花座	
	四分之一	1902—1911	大花座	

续表

名称	币值	年份	版别	备注
四川卢比	二期	1912—1916	有领横花	
	二期	1912—1916	有领横花内侧叶	
	二期	1912—1916	有领竖花	
	二期	1912—1916	有领竖花大弯眉	
	二期	1912—1916	错配一期面背系列	
	三期	1930—1935		
	四期	1935—1942		
	三/四期 加盖醇记系列	S、里用S、S＋里用S、3、4、5、6、萨（藏文）、里用＋SA、one、one＋S		
四川军政府	壹圆	1912	大点金	
	壹圆	1912	分水汉	
	壹圆	1912	重庆版	
	壹圆	1912	合川版	
	壹圆	1912	肥川版	
	壹圆	1912	私铸军阀版	
	壹圆	1912	厂版	
	五角	1912		
	五角	1912	四分花	
	五角	1912	佛手花	
	二角	1912		
	一角	1912		

吉林银元版别种类表

名称	币值	年份	版别	备注
厂平一两	一两	1884		吉林机器官局监制
厂平七钱	七钱	1884		吉林机器官局监制
厂平半两	半两	1884		吉林机器官局监制
厂平三钱	三钱	1884		吉林机器官局监制
厂平一钱	一钱	1884	壹钱	吉林机器官局监制
		1884	弌钱	吉林机器官局监制

续表

名称	币值	年份	版别	备注
吉林省造光绪元宝（无纪年）	库平七钱二分	1898	土吉尔宝　四点花	
	库平七钱二分	1898	土吉尔宝　十字花	
	库平七钱二分	1898	土吉缶宝　角龙	
	库平七钱二分	1898	土吉缶宝　鹿鳞龙	
	库平七钱二分	1898	土吉缶宝　细鳞龙	
	库平三钱六分	1898	土吉尔宝　龙面有花星	
	库平三钱六分	1898	土吉尔宝　龙面无花星	
	库平三钱六分	1898	土吉尔宝　龙面无花星　点光	
	库平三钱六分	1898	土吉尔宝　龙面无花星　挑光	
	库平三钱六分	1898	土吉缶宝　龙面有花星	
	库平三钱六分	1898	土吉缶宝　龙面无花星	
	库平三钱六分	1898	土吉缶宝　龙面无花星	
	库平三钱六分	1898	土吉缶宝　龙面有花星	
	库平三钱六分	1898	土吉缶宝　龙面有花星　点光	
	库平三钱六分	1898	土吉缶宝　龙面有花星　挑光	
	库平一钱四分四厘	1898	土吉尔宝　挑光	
	库平一钱四分四厘	1898	土吉缶宝　挑光	
	库平一钱四分四厘	1898	土吉缶宝　点光	
	库平一钱四分四厘	1898	土吉缶宝　挑光	
	库平一钱四分四厘	1898	上吉缶宝　错英文异书版	
	库平七分二厘	1898	土吉尔宝　龙面无花星	
	库平七分二厘	1898	土吉缶宝　挑光	
	库平七分二厘	1898	土吉缶宝　龙面无花星　挑光	
	库平七分二厘	1898	土吉缶宝　龙面有花星　点光	
	库平七分二厘	1898	土吉缶宝　龙面有花星　挑光	
	库平三分六厘	1898	土吉尔宝	
	库平三分六厘	1898	土吉缶宝	
	库平三分六厘	1898	土吉缶宝　点光	
	库平三分六厘	1898	土吉缶宝　挑光	

续表

名称	币值	年份	版别	备注
吉林省造光绪元宝己亥	库平七钱二分	1899	土吉 点光	
	库平七钱二分	1899	土吉 挑光	
	库平三钱六分	1899	土吉 挑光	
	库平三钱六分	1899	土吉 挑光 异书版	
	库平一钱四分四厘	1899	土吉 点光	
	库平一钱四分四厘	1899	土吉 挑光	
	库平七分二厘	1899	土吉 挑光	
	库平三分六厘	1899	土吉 挑光	
	库平三分六厘	1899	土吉 挑光 异书版	
吉林省造光绪元宝庚子	库平七钱二分	1900	中心花篮 大字版	
	库平七钱二分	1900	中心花篮 小字版	
	库平七钱二分	1900	中心太极 大太极	
	库平七钱二分	1900	中心太极 小太极	
	库平三钱六分	1900	中心花篮 大字版	
	库平三钱六分	1900	中心花篮 小字版	
	库平三钱六分	1900	中心太极 大字版	
	库平三钱六分	1900	中心太极 小字版	
	库平一钱四分四厘	1900	中心花篮 大字版	
	库平一钱四分四厘	1900	中心花篮 小字版	
	库平一钱四分四厘	1900	中心太极 大字版	
	库平一钱四分四厘	1900	中心太极 小字版	
	库平七分二厘	1900	中心花篮	
	库平七分二厘	1900	中心太极	
	库平三分六厘	1900	中心花篮	
	库平三分六厘	1900	中心太极	
吉林省造光绪元宝辛丑	库平七钱二分	1901		
	库平七钱二分	1901	错英文异书版	
	库平三钱六分	1901		
	库平三钱六分	1901	错英文异书版	
	库平一钱四分四厘	1901	点光	
	库平一钱四分四厘	1901	挑光	
	库平一钱四分四厘	1901	错英文异书版	
	库平七分二厘	1901		
	库平三分六厘	1901		

续表

名称	币值	年份	版别	备注
吉林省造光绪元宝壬寅	库平七钱二分	1902		
	库平七钱二分	1902	挑光	
	库平三钱六分	1902	小太极	
	库平三钱六分	1902	大太极	
	库平三钱六分	1902	特大太极	
	库平三钱六分	1902	错英文异书版	
	库平一钱四分四厘	1902	点光	
	库平一钱四分四厘	1902	挑光	
	库平七分二厘	1902		
	库平三分六厘	1902		
吉林省造光绪元宝癸卯	库平七钱二分	1903	爪无云	
	库平七钱二分	1903	爪有云	
	库平三钱六分	1903	大太极	
	库平三钱六分	1903	小太极	
	库平一钱四分四厘	1903		
	库平七分二厘	1903	点光	
	库平七分二厘	1903	挑光	
	库平三分六厘	1903		
吉林省造光绪元宝甲辰	库平七钱二分	1904	短甲　大太极	
	库平七钱二分	1904	短甲　小太极	
	库平七钱二分	1904	长甲	
	库平三钱六分	1904	短甲	
	库平三钱六分	1904	长甲	
	库平一钱四分四厘	1904	短甲	
	库平一钱四分四厘	1904	长甲	
	库平一钱四分四厘	1904	错英文异书版	
	库平七分二厘	1904		
	库平三分六厘	1904		
吉林省造光绪元宝乙巳	库平七钱二分	1905	点光	
	库平七钱二分	1905	挑光	
	库平三钱六分	1905	背七点星	
	库平三钱六分	1905	背十字星	
	库平一钱四分四厘	1905	点光	
	库平一钱四分四厘	1905	挑光	
	库平七分二厘	1905	背七点星	
	库平七分二厘	1905	背十字星	
	库平三分六厘	1905	背七点星	
	库平三分六厘	1905	背十字星	

211

续表

名称	币值	年份	版别	备注
吉林省造光绪元宝丙午	库平七钱二分	1906	点光	
	库平七钱二分	1906	挑光	
	库平三钱六分	1906	点光	
	库平三钱六分	1906	挑光	
	库平一钱四分四厘	1906		
	库平七分二厘	1906		
	库平三分六厘	1906		
	库平三分六厘	1906	龙含珠	
吉林省造光绪元宝丁未	库平七钱二分	1907		
	库平三钱六分	1907		
	库平一钱四分四厘	1907		
	库平七分二厘	1907		
	库平三分六厘	1907		
吉林省造光绪元宝戊申	库平七钱二分	1908	中心花篮	
	库平七钱二分	1908	中心满文	
	库平七钱二分	1908	中心"11"	
	库平三钱六分	1908	中心花篮	
	库平三钱六分	1908	中心满文	
	库平一钱四分四厘	1908	中心花篮	
	库平一钱四分四厘	1908	中心满文	
	库平一钱四分四厘	1908	中心"2"	
	库平七分二厘	1908	中心"1"	

孙中山银元版别种类表

名称	币值	年份	版别	备注
孙中山像开国纪念币	壹圆	1912	下五星	
	壹圆	1928	上五星	
	壹圆	1927	初铸版（八字背）	
	壹圆	1927	单日开	
	壹圆	1927	双日开	
	壹圆	1927	出头圆	
	壹圆	1927	右三花	
	壹圆	1927	左右三花	
	壹圆	1927	空心A	
	壹圆	1927	海南版	

续表

名称	币值	年份	版别	备注
孙中山像开国纪念币	壹圆	1927	湖南版	三大O,四大O,五大O,O厂等
	壹圆	1927	私铸军阀系列	
	中圆	1927		样币
	贰角	1912		无面值 使用时等同贰角
	弍角	1924		样币
中华民国十八年	壹圆	1929	地球	样币
	壹圆	1929		样币
	贰角	1929		样币
	壹圆	1929	三帆.意大利版.签字版	样币
	壹圆	1929	三帆.意大利版	样币
	壹圆	1929	三帆.日本版	样币
	壹圆	1929	三帆.英国版	样币
	壹圆	1929	三帆.美国版	样币
	壹圆	1929	三帆.奥地利版　正面	样币
	壹圆	1929	三帆.奥地利版	样币
	半圆	1929	三帆	样币
	贰角	1929	三帆	样币
	壹角	1929	三帆	样币
中华民国二十一年	壹圆	1932	金本位下三鸟	
	半圆	1932	金本位下三鸟	
	贰毫	1932	金本位下三鸟	
	壹毫	1932	金本位下三鸟	
	壹圆	1932	三鸟	
中华民国二十二年	壹圆	1933		
	壹圆	1933	二十三年背	
中华民国二十三年	壹圆	1934	广州版	
	壹圆	1934	云南版	
	壹圆	1934	月亮版	
	壹圆	1934	一绳版	
	壹圆	1934	六绳版	
	壹圆	1934	火炬版	
	壹圆	1934	脑后飞针	
	壹圆	1934	台湾回流	
中华民国二十四年	壹圆	1935		样币
	中圆	1935		样币
中华民国二十五年	壹圆	1936		样币
	中圆	1936		样币

广东银元版别种类表

名称	币值	年份	版别	备注
广东省造光绪元宝	库平七钱三分	1889	反版	样币
	库平三钱六分五厘	1889	反版	样币
	库平一钱四分六厘	1889	反版	样币
	库平七分三厘	1889	反版	样币
	库平三分六厘五	1889	反版	样币
	库平七钱二分	1889	反版	样币
	库平三钱六分	1889	反版	样币
	库平一钱四分四厘	1889	反版	样币
	库平七分二厘	1889	反版	样币
	库平三分六厘	1889	反版	样币
	库平七钱二分	1890—1908	喜敦版	
	库平七钱二分	1890—1908		
	库平三钱六分	1890—1908		
	库平一钱四分四厘	1890—1908		
	库平七分二厘	1890—1908		
	库平三分六厘	1890—1908		
广东省造宣统元宝	库平七钱二分	1909—1911		
	库平一钱四分四厘	1909—1911		
广东寿字一两	壹两	1904	阴纹	
	壹两	1904	阳纹	
广东省造中华民国元年	贰毫	1912		
	壹毫	1912		
广东省造中华民国二年	贰毫	1913		
	壹毫	1913		
广东省造中华民国三年	贰毫	1914		
	壹毫	1914		
广东省造中华民国四年	贰毫	1915		
广东省造中华民国七年	贰毫	1918		
广东省造中华民国八年	贰毫	1919		
广东省造中华民国九年	贰毫	1920		
广东省造中华民国十年	贰毫	1921		
广东省造中华民国十一年	贰毫	1922		
	壹毫	1922		
广东省造中华民国十二年	贰毫	1923		
	贰毫	1923	大S版	

续表

名称	币值	年份	版别	备注
广东省造中华民国十三年	贰毫	1924		
	贰毫	1924	孙中山像	
广东省造中华民国十七年	贰毫	1928	孙中山像	
广东省造中华民国十八年	贰毫	1929	孙中山像	
	壹毫	1929	孙中山像	
广东省造中华民国十九年	贰毫	1930	样币	

北洋银元版别种类表

名称	币值	年份	版别	备注
北洋 34 年	库平七钱二分	1908	长尾龙修模异书系列	大字版、小字版等
	库平七钱二分	1908	长尾龙	
	库平七钱二分	1908	开云版	长尾龙开云
	库平七钱二分	1908	长尾短云	
	库平七钱二分	1908	长尾连珠	
	库平七钱二分	1908	短尾土金	
	库平七钱二分	1908	短尾龙	
	库平七钱二分	1908	瘦龙版	
	库平七钱二分	1908	长尾龙艺术字系列	卷 3 旗 4、大卷 3 高 4 等
	库平七钱二分	1908	长尾龙混配	
北洋 33 年	库平一两	1907	长尾龙	样币
	库平一两	1907	长尾龙三点版	样币
	库平七钱二分	1907	长尾龙 S 变化版	
	库平七钱二分	1907	长尾龙珠圈变化版	
北洋 29 年	库平七钱二分	1903	G 后点	
	库平七钱二分	1903	G 后无点	
	库平七钱二分	1903	折金版	
	库平七钱二分	1903	大字版	肥 9 系列
北洋 26 年	库平七钱二分	1900	G 后点	
	库平一钱四分四厘	1900	G 后点	
	库平三分六厘	1900	G 后点	
北洋 25 年	库平七钱二分	1899	大火焰	
	库平七钱二分	1899	小火焰	
	库平七钱二分	1899	G 后点	
	库平七钱二分	1899	G 后无点	
	库平三钱六分	1899	G 后点	

续表

名称	币值	年份	版别	备注
北洋 25 年	库平三钱六分	1899	G 后无点	
	库平一钱四分四厘	1899		
	库平七分二厘	1899		
	库平三分六厘	1899		
北洋 24 年	壹圆	1898	大蚌云	
	壹圆	1898	小蚌云	
	壹圆	1898	O 版	
	五角	1898	圆眼龙	
	五角	1898	三角眼龙	
	二角	1898		
	一角	1898		
	半角	1898		
北洋 23 年	壹圆	1897	三角眼龙	
	壹圆	1897	三角眼龙尾上阴/阳十字花	
	壹圆	1897	三角眼龙火珠梅花星	
	壹圆	1897	圆眼龙	
	壹圆	1897	圆眼狗头龙	
	五角	1897		
	二角	1897		
	一角	1897	大眼龙	
	一角	1897	小眼龙	
	半角	1897	正 G 版	
	半角	1897	倒 G 版	
	半角	1897	C 版	
北洋 22 年	壹圆	1896		
	五角	1896		
	二角	1896		
	一角	1896		
	半角	1896		

清代银元版别种类表

名称	币值	年份	版别	备注
大清光绪二十四年奉天机器局造	一圆	1898	狭面龙	
	一圆	1898	阔面龙	
	五角	1898	狭面龙	
	五角	1898	阔面龙	

续表

名称	币值	年份	版别	备注
大清光绪二十四年奉天机器局造	二角	1898		
	一角	1898		
大清光绪二十五年奉天机器局造	一圆	1899		
	一圆	1899	多线圈	
	五角	1899		
	五角	1899	满文误书二十四	
	半角	1899		
光绪元宝 奉天省造 癸卯	库平一两	1903		样币
	库平七钱二分	1903	宝奉	
	库平七钱二分	1903	奉宝	
光绪元宝 奉天省造 甲辰	库平一钱四分四厘	1904	大/小型	
	库平一钱四分四厘	1904	点绪	
	库平一钱四分四厘	1904	满文中心点	
户部光绪元宝	库平一两	1903		样币
	库平五钱	1903		样币
	库平二钱	1903		样币
	库平一钱	1903		样币
	库平五分	1903		样币
京局制造 庚子	库平七钱二分	1900	样币　此币有后铸版	
	库平三钱六分	1900	样币　此币有后铸版	
	库平一钱四分四厘	1900	样币　此币有后铸版	
	库平七分二厘	1900	样币　此币有后铸版	
	库平三分六厘	1900	样币　此币有后铸版	
造币总厂	库平七钱二分	1908		
	库平一钱四分四厘	1908	点版	
	库平一钱四分四厘	1908	无点版	
	库平七分二厘	1908	点版	
	库平七分二厘	1908	无点版	
造币分厂	库平一钱四分四厘	1910	阴吉	样币
	库平一钱四分四厘	1910	凸眼龙	
	库平一钱四分四厘	1910	凹眼龙	
户部大清银币	壹两	1906		样币
	伍钱	1906		样币
	贰钱	1906		样币
	壹钱	1906		样币

续表

名称	币值	年份	版别	备注
大清银币 丁未	壹圆	1907		
	伍角	1907		
	贰角	1907		
	壹角	1907		
大清银币	壹圆	1910		
	伍角	1910		
	贰角伍分	1910		样币
	壹角	1910		
大清银币 长须龙	壹圆	1911		样币
大清银币 短须龙	壹圆	1911		样币
大清银币 大尾龙	壹圆	1911		样币
大清银币 反龙	壹圆	1911		样币
大清银币曲须龙	壹圆	1911	签字版	样币
	壹圆	1911	R后点	
	壹圆	1911	深版	
	壹圆	1911	浅版	
	伍角	1911	签字版	样币
	伍角	1911		样币
	贰角	1911		
	壹角	1911		

广西银元版别种类表

名称	币值	年份	版别	备注
广西省造贰毫银币	贰毫	1919	SEA	
	贰毫	1919	SI	
	贰毫	1920	SEA	
	贰毫	1920	SI	
	壹毫	1920		
	贰毫	1922		
	贰毫	1923		
	贰毫	1924	SEA	中心桂
	贰毫	1924	SI	中心桂
	贰毫	1924		
	贰毫	1925		
	贰毫	1925	嘉禾版	

续表

名称	币值	年份	版别	备注
广西省造贰毫银币	贰毫	1926		中心西
	贰毫	1927		中心西
	贰毫	1949	象鼻山	

苏维埃银元版别种类表

名称	币值	年份	版别	备注
中华苏维埃共和国	壹圆	1932		
	壹圆	1932	俄文版	
	贰角	1932		
	贰角	1932		铜镀银
	贰角	1933		
	贰角	1933		铜镀银
	壹圆	1934		川陕省造币厂造

蒙古银元版别种类表

名称	币值	年份	版别	备注
蒙古省造蒙古利亚	图格里克	1925		
	50 蒙哥	1925		
	20 蒙哥	1925		
	15 蒙哥	1925		
	10 蒙哥	1925		

东三省银元版别种类表

名称	币值	年份	版别	备注
东三省造光绪元宝	库平七钱二分	1907		样币
	库平三钱六分	1907		样币
	库平一钱四分四厘	1907		样币
	库平七分二厘	1907		样币
	库平一钱四分四厘	1907	六角星有点	
	库平一钱四分四厘	1907	六角星无点	
	库平一钱四分四厘	1907	长花星	
	库平一钱四分四厘	1907	三花星	
	库平七分二厘	1907		

续表

名称	币值	年份	版别	备注
东三省造宣统元宝	库平一钱四分四厘	1909—1911	三星大字缶宝	
	库平一钱四分四厘	1909—1911	五角星	
	库平一钱四分四厘	1909—1911	六角星	
	库平一钱四分四厘	1909—1911	三星大字尔宝	
	库平一钱四分四厘	1909—1911	三星鹿角龙	
	库平一钱四分四厘	1909—1911	三星牛角龙	
	库平一钱四分四厘	1909—1911	长花星中空毛角龙	
	库平一钱四分四厘	1909—1911	中空鹿角七牙龙	
	库平一钱四分四厘	1909—1911	中空鹿角龙	
	库平一钱四分四厘	1909—1911	中空鹿角龙双S后点	
	库平一钱四分四厘	1909—1911	大梅花鹿角龙	
	库平一钱四分四厘	1909—1911	紧梅花鹿角龙	
	库平一钱四分四厘	1909—1911	梅花中心点鹿角龙	
	库平一钱四分四厘	1909—1911	梅花中心点龙抓珠	
	库平一钱四分四厘	1909—1911	面三星鹿角龙	
	库平一钱四分四厘	1909—1911	面三星龙抓珠	

西藏银元版别种类表

名称	币值	年份	版别	备注
乾隆宝藏 五十八年	一钱五分	1793		
	一钱	1793		
	七分五厘	1793		
	五分	1793		
乾隆宝藏 五十九年	一钱	1794		
	五分	1794		
乾隆宝藏 六十年	一钱	1795		
乾隆宝藏 六十一年	一钱	1796		
嘉庆宝藏 元年	一钱	1796		
嘉庆宝藏 二年	一钱	1797		
嘉庆宝藏 三年	一钱	1798		
嘉庆宝藏 四年	一钱	1799		
嘉庆宝藏 五年	一钱	1800		
嘉庆宝藏 六年	一钱	1801		

续表

名称	币值	年份	版别	备注
嘉庆宝藏 八年	一钱	1803		
嘉庆宝藏 九年	一钱	1804		
嘉庆宝藏 二十四年	一钱	1819		
嘉庆宝藏 二十五年	一钱	1820		
道光宝藏 元年	一钱	1821		
道光宝藏 二年	一钱	1822		
道光宝藏 三年	一钱	1823		
道光宝藏 四年	一钱	1824		
道光宝藏 十五年	一钱	1835		
道光宝藏 十六年	一钱	1836		
宣统宝藏	二钱	1910		
	一钱	1910		
久松西阿		1791		
久松西竹		1792		
		1820	改版	第一次
		1860	改版	第二次
久松西敦		1793		
久阿尼西		1890		
久阿尼阿		1891		
章噶		1763	无字	
		1785	吉祥	
		1785	如意	
		1840	八思巴文	
		1860—1929	手工打制	
		1860—1929	机制	
		1896—1912	兰萨文	
		1906	双章噶	
		1909	格桑	
桑康果木	一两	1909		样币
雪阿果木	五钱	1909		
桑康果木	一两	1909		狮图
	一两	1914		狮图
	一两	1918		狮图
	一两	1919		狮图

续表

名称	币值	年份	版别	备注
雪阿果木	五钱	1913		狮图
	五钱	1914		狮图
	五钱	1915		狮图
	五钱	1916		狮图
	五钱	1917		狮图
	五钱	1918		狮图
	五钱	1919		狮图
	五钱	1922		狮图
	五钱	1925		狮图
	五钱	1926		狮图
	五钱	1927		狮图
	五钱	1930		狮图　样币
桑松果木	三两	1933		
	三两	1934		
	三两	1935		
	三两	1936		
	三两	1937		
	三两	1938		
	三两	1939		
	三两	1946		
桑康雪阿	一两五钱	1936		
	一两五钱	1937		
	一两五钱	1938		
	一两五钱	1938	错版	
	一两五钱	1946	大花星	
	一两五钱	1946	小花星	
九果	十两	1948		
	十两	1949		
	十两	1950		
	十两	1951		
	十两	1952		
阿果	五两	1953	空心花瓣	
	五两	1953	实心花瓣	

福建银元版别种类表

名称	币值	年份	版别	备注
漳州军饷		1844	大字版	
		1844	小字版	
福建省造光绪元宝	库平一钱四分四厘	1894	大龙版	寿星龙
	库平一钱四分四厘	1894	倒K版	寿星龙
	库平一钱四分四厘	1894	小龙版	寿星龙
	库平七分二厘	1894	大龙版	寿星龙
	库平七分二厘	1894	小龙版	寿星龙
	库平三分六厘	1894		寿星龙
福建官局造光绪元宝	库平七钱二分	1896		
	库平一钱四分四厘	1896—1903	点星	
	库平一钱四分四厘	1902	无星	
	库平七分二厘	1902	十字星	
	库平七分二厘	1902	点星	
	库平三分六厘	1902		
中华元宝"闽"	库平一钱四分四厘	1911		福建都督府造
中华元宝	库平一钱四分四厘	1912		福建银币厂造
	库平七分二厘	1912		福建银币厂造
中华元宝 民国纪念币	库平一钱四分四厘	1912		福建马尾兵工厂造
福建官局造 贰毫银币	库平一钱四分四厘	1912—1913		双计量单位
	库平七分二厘	1912—1913		双计量单位
中华癸亥	库平一钱四分四厘	1923		福建银币厂造
	库平一钱四分四厘	1923	MAIE	福建银币厂造
	库平一钱四分四厘	1923	字面五星	福建银币厂造
民国甲子	库平一钱四分四厘	1924		福建银币厂造
	库平一钱四分四厘	1924	混配中华癸亥旗	福建银币厂造
	库平七分二厘	1924		福建银币厂造
中华民国十三年 贰毫银币	贰毫	1924		
	贰毫	1924	倒A	
国民政府革命北伐军胜利纪念	贰毫	1927		
		1927		贰毫型章
国民政府革命军东路总指挥入闽纪念币	贰毫	1927		
孙中山像总理纪念币 侧面像	贰角	1927		样币

续表

名称	币值	年份	版别	备注
孙中山像总理纪念币	贰角	1927		
	壹角	1927		
黄花岗纪念币	贰角	1928		
	壹角	1928		
	壹角	1928	纪念先烈	
	贰角	1931		
	壹角	1931		
	贰角	1932		
	壹角	1932		

湖南银元版别种类表

名称	币值	年份	版别	备注
湖南省造 光绪元宝	库平七钱二分	1898	喜敦版	样币
	库平三钱六分	1898	喜敦版	样币
	库平一钱四分四厘	1898		
	库平七分二厘	1898	单花	
	库平七分二厘	1898	双花	
	库平三分六厘	1898		样币
湖南省造 光绪元宝 戊戌	库平七分二厘	1898		
湖南省造 光绪元宝 己亥	库平七分二厘	1899		
中华银币 洪宪元年	壹角	1916		
湖南省宪成立纪念币	壹圆	1922		
长沙乾益字号银饼	一两～一钱	1875～1908		十枚一套
湖南阜阳官局银饼	一两～一钱	1875～1908		十枚一套
湖南大清银行银饼	一两～一钱	1909～1911		十枚一套

新疆银元版别种类表

名称	币值	年份	版别	备注
光绪银钱	壹钱	1875		
	五分	1878	回文无纪年	
	五分	1878		
	伍分	1878		

续表

名称	币值	年份	版别	备注
光绪银元（无地名）	壹钱	1892	回文无纪年	
	壹钱	1893		
	壹钱	1894		
	贰钱	1892	回文无纪年	
	贰钱	1893		
	贰钱	1894		
	贰钱	1895		
	贰钱	1896		
	叁钱	1893		
	叁钱	1894		
	叁钱	1895		
	叁钱	1896		
	伍钱	1893		
	伍钱	1894		
	伍钱	1895		
	伍钱	1896		
阿城光绪银元	伍钱	1893		
	三钱	1893		
	二钱	1893		
	一钱	1893		
	伍钱	1894		
	三钱	1894		
	二钱	1894		
	伍钱	1895		
	伍钱	1895	左上 O	
	三钱	1895		
喀什光绪银元	伍钱	1896		
	叁钱	1896		
	贰钱	1896	回文无纪年	
	贰钱	1896		
	壹钱	1896		
	伍钱	1897		
	叁钱	1897		
	贰钱	1897		
	伍钱	1898		
	叁钱	1898		
	贰钱	1898		

续表

名称	币值	年份	版别	备注
喀什光绪银元	伍钱	1899		
	叁钱	1899		
	贰钱	1899		
	伍钱	1901		
	叁钱	1901		
	贰钱	1901		
	伍钱	1902		
	叁钱	1902		
	贰钱	1902		
喀什光绪元宝	伍钱	1905	S龙	
	伍钱	1905	反S龙	
	叁钱	1905		
	三钱	1905		
	二钱	1905	S龙	
	二钱	1905	反S龙	
	壹钱	1905	回历在左	
	壹钱	1905	回历在右	
喀什 大清银币	库平壹两	1906		
	湘平壹两	1907		
	湘平壹两	1907	星月版	
	湘平伍钱	1907		
	湘平伍钱	1907	花叶互调	
	湘平伍钱	1907	双梅花	
喀什造 大清银币	湘平五钱	1906	回文无纪年	
	湘平五钱	1906		
	湘平五钱	1907		
	湘平五钱	1908		
	湘平五钱	1909		
	湘平五钱	1910		
	湘平二钱	1906		
	湘平二钱	1907		
	湘平二钱	1908		
	湘平二钱	1909		
喀什造 宣统银币	五钱	1909		
	五钱	1910		
喀什造 宣统元宝	伍钱	1910		
	伍钱	1911		

续表

名称	币值	年份	版别	备注
喀什 宣统元宝	伍钱	1911	字面中心星	
	伍钱	1911	字面中心星大边叶	
	五钱	1911	字面中心花	
	五钱	1911	字面中心点	
	五钱	1911	字面中心星	
喀造光绪银元	贰钱	1902		
	叁钱	1902		
	伍钱	1903		
	叁钱	1903		
	贰钱	1903		
	伍钱	1904		
	伍钱	1904	双花	
	伍钱	1904	双心花	
	叁钱	1904		
	贰钱	1904		
喀什道 大清银币	湘平弌两	1907		
喀什 饷银五钱	饷银五钱	1911	字面中心星	
	饷银五钱	1911	字面中心点	
	饷银五钱	1911	字面中心花	
	饷银五钱	1912		
	饷银五钱	1913		
	饷银五钱	1914		
喀什造 银元叁钱	叁钱	1911		
喀什造 银元二钱	二钱	1911	字面回文	
	二钱	1911	龙面回文	
	二钱	1911	龙面斜回文	
中华民国新疆喀造	饷银五钱	1912		
	饷银五钱	1912	倒旗	
	饷银五钱	1913		
	饷银五钱	1914		
	饷银五钱	1915		
	饷银五钱	1916		
饷银一两	一两	1910	面回文	
	一两	1910	龙面回文	
	一两	1910	龙面回文大龙	
	一两	1910	无回文	

续表

名称	币值	年份	版别	备注
饷银五钱	五钱	1910	字面回文	
	五钱	1910	字面回文单蝙蝠	
	五钱	1910	字面斜回文单蝙蝠	
	五钱	1910	字面回文四蝙蝠	
	五钱	1910	字面回文龙外有圈	
	五钱	1910	字面回文中心点龙外有圈	
	五钱	1910	字面回文中心花龙外有圈	
	五钱	1910	字面回文中心花龙外珠圈	
	五钱	1910	龙面回文	
饷银四钱	四钱	1910		
饷银二钱	二钱	1910	字面回文	
	二钱	1910	字面下回文（长短角龙）	
	二钱	1910	字面回文珠圈	
	二钱	1910	龙面回文无圈	
饷银一钱	一钱	1910	字面回文	
	一钱	1910	龙面回文	
	一钱	1910	无回文	
中华民国元年饷银	一两	1912	壬子（四排花）	
	一两	1912	壬子（两排花）	
中华民国元年饷银	五钱	1912	壬子（四排花）	
	五钱	1912	壬子（两排花）	
迪化银元局造中华民国六年	一两	1917	小叶有花	
	一两	1917	小叶无花	
	一两	1917	大叶无花	
迪化银元局造中华民国七年	一两	1918	小叶有花	
光绪银元三体文	五钱	1890	三体文	迪化
	三钱	1890	三体文	迪化
迪化 光绪银元	五钱	1903		
	五钱	1904		
	五钱	1905		
	伍钱	1905		
	伍钱	1906		
	伍钱	1907		
	三钱	1903		
	三钱	1904		
	三钱	1905		

续表

名称	币值	年份	版别	备注
迪化 光绪银元	叁钱	1905		
	叁钱	1906		
	叁钱	1907		
	叁钱	1907	无回文纪年	
	二钱	1903		
	贰钱	1903		
	二钱	1904		
	二钱	1905		
	贰钱	1905		
	贰钱	1906		
	贰钱	1907		
足银壹钱	一钱	1880		
新疆省造光绪银元	库平七钱二分	1899		样币
	库平重四钱	1899		样币
	库平重二钱	1899		样币
	库平重一钱	1899		样币
新疆省造币厂铸造中华民国三十八年	壹圆	1949		
新疆省造币厂铸造1949	壹圆	1949	尖足1	
	壹圆	1949	方足1	
	壹圆	1949	牛角1	
	壹圆	1949	异书版	
	壹圆	1949	空心壹圆	
	壹圆	1949	双1949	

"袁大头"银元版别种类表

名称	币值	年份	版别	备注
袁世凯像民国三年	壹圆	1914	七分脸	样币
	壹圆	1914	七分脸"L.GIORGI"签字版	样币
	壹圆	1914	"L.GIORGI"签字版	样币
	壹圆	1914	T字边	
	壹圆	1914	人字边	
	壹圆	1914	光边	
	壹圆	1914	天津版	
	壹圆	1914	断笔民	民断一、二、三横
	壹圆	1914	燕子版	

续表

名称	币值	年份	版别	备注
袁世凯像民国三年	壹圆	1914	上点年	
	壹圆	1914	八点年	
	壹圆	1914	福建版	
	壹圆	1914	新疆版	
	壹圆	1914	云南版	
	壹圆	1914	武昌版	
	壹圆	1914	甘肃版	
	壹圆	1914	甘肃加字	
	壹圆	1914	甘肃大、小长缨	
	壹圆	1914	甘肃落叶	
	壹圆	1914	甘肃大、小曲笔民	
	壹圆	1914	甘肃精发大扣	
	壹圆	1914	小字版	
	壹圆	1914	云南版	
	壹圆	1914	八年背	
	壹圆	1914	九年背（小嘉禾）	九点钟方向缺内齿
	壹圆	1914	湖南钢丝发	
	壹圆	1914	军阀大扣	
	壹圆	1914	军阀大耳朵	
	壹圆	1914	军阀大扣配大耳	
	壹圆	1914	私铸S版	
	壹圆	1914	其他私铸	
	壹圆	1914	O版	1949年后铸造
	壹圆	1914	O版三角圆	1949年后铸造
	壹圆	1914	O版无O	1949年后铸造
	壹圆	1914	O版实心O	1949年后铸造
	壹圆	1914	三角圆	成都、上海、沈阳
	壹圆	1914	挑华背无勾	1949年后铸造
	壹圆	1914	挑华三勾芒	1949年后铸造
	壹圆	1914	挑华右勾芒	1949年后铸造
	壹圆	1914	挑华右下勾芒	1949年后铸造
	壹圆	1914	挑华左勾芒	1949年后铸造
	壹圆	1914	挑华左双勾	1949年后铸造
	壹圆	1914	挑华左右双勾	1949年后铸造
	壹圆	1914	挑华左右双下勾	1949年后铸造
	壹圆	1914	挑华A字星	1949年后铸造
	壹圆	1914	挑华大字星	1949年后铸造

续表

名称	币值	年份	版别	备注
袁世凯像民国三年	壹圆	1914	挑华右勾W芒	1949年后铸造
	壹圆	1914	挑华右勾Y芒	1949年后铸造
	壹圆	1914	普华右下勾芒	1949年后铸造
	壹圆	1914	普华右勾芒	1949年后铸造
	壹圆	1914	普华左单勾	1949年后铸造
	壹圆	1914	普华左双勾	1949年后铸造
	壹圆	1914	普华左右双勾	1949年后铸造
	壹圆	1914	普华大字星	1949年后铸造
	中圆	1914	"L. GIORGI"签字版	样币
	中圆	1914	天津版	
	中圆	1914	福建版	
	中圆	1914	混配版	混配签字版面/签字版背
	贰角	1914	"L. G"签字版	样币
	贰角	1914	天津版	
	贰角	1914	福建版	
	贰角	1914	福建大胡子	
	壹角	1914	"L. G"签字版	样币
	壹角	1914	天津版	
	壹角	1914	福建版	
	伍分	1914	"L. G"签字版	样币
	五分	1914		镍币
袁世凯像民国五年	贰角	1916	大、小开叶版	
	贰角	1916	角上点版	
	壹角	1916		
袁世凯像民国八年造	壹圆	1919	草头华	
	壹圆	1919	连口造	
	壹圆	1919	连口造背左右高低双珠	
	壹圆	1919	连口造背平行双珠	
	壹圆	1919	连口造背九珠	
	壹圆	1919	缺口造	
	壹圆	1919	实口造	
	壹圆	1919	田华	斜星肩章
	壹圆	1919	牛口造	
	壹圆	1919	元宝点年	
	壹圆	1919	7点年	
	壹圆	1919	竖点年	
	壹圆	1919	T点年	

续表

名称	币值	年份	版别	备注
袁世凯像民国八年造	壹圆	1919	厂点年	
	壹圆	1919	空心叶	
	壹圆	1919	结上点	
	壹圆	1919	左勾芒	
	壹圆	1919	左勾结上点	
	壹圆	1919	左右双勾	左右上勾
	壹圆	1919	左右双勾	左右下勾
	壹圆	1919	左右双勾	左右上下勾
	壹圆	1919	开口贝	
	壹圆	1919	二虎把门	
袁世凯像民国九年造	壹圆	1920	粗发版	
	壹圆	1920	精发版	
	壹圆	1920	九精三背	
	壹圆	1920	中发版	
	壹圆	1920	中发小嘉禾	
	壹圆	1920	连口造7点年	
	壹圆	1920	大肩章	
	壹圆	1920	缺口造	
	壹圆	1920	海南版	
	壹圆	1920	军阀大耳朵	
	贰角	1920	普通版	
	贰角	1920	鄂造	
袁世凯像民国十年造	壹圆	1921	普通版	
	壹圆	1921	方肩章	
	壹圆	1921	六角星	
	壹圆	1921	九年像	
	壹圆	1921	7点年	
	壹圆	1921	T点年	
	壹圆	1921	上点年	
	壹圆	1921	日口造	
	壹圆	1921	八九不离十	
	壹圆	1921	双肩章上下缺口造	
	壹圆	1921	开口中	
	壹圆	1921	八年背	
	壹圆	1921	左勾	
	壹圆	1921	竖点年	
	壹圆	1921	缺口造	
	壹圆	1921	实口造	
	壹圆	1921	军阀大耳朵	

湖北银元版别种类表

名称	币值	年份	版别	备注
湖北省造光绪元宝	库平七钱二分	1895		
	库平三钱六分	1895		
	库平一钱四分四厘	1895		
	库平七分二厘	1895		
	库平三分六厘	1895		
	库平七钱二分	1895	"本省"	
	库平一钱四分四厘	1895	"本省"	
	库平七分二厘	1895	"本省"	
大清银币 光绪三十年湖北省造	库平一两	1904	大字版	
	库平一两	1904	小字版	
湖北省造宣统元宝	库平七钱二分	1909	火珠无旋	
	库平七钱二分	1909	火珠阳旋	
	库平七钱二分	1909	火珠阴旋	
	库平七钱二分	1909	满文中心点　火珠无旋	
	库平七钱二分	1909	满文中心点　火珠阳旋	
	库平七钱二分	1909	满文中心点　火珠阴旋	
	库平一钱四分四厘	1909		
	库平七分二厘	1909		
大清银币 宣统三年湖北省造	壹角	1911		样币

台湾银元版别种类表

名称	币值	年份	版别	备注
谨慎军饷		1836		
道光寿星银饼		1838—1850		
台湾制造 光绪元宝	库平七分二厘	1893		
	库平三分六厘	1893		
孙中山像 中华民国三十八年 台湾省	壹圆	1949		样币
	伍角	1949		样币
	伍角	1949		

浙江银元版别种类表

名称	币值	年份	版别	备注
光绪二十二年 浙江省造光绪元宝	库平一钱四分四厘	1896		
	库平一钱四分四厘	1896	倒A	
	库平七分二厘	1896		
	库平七分二厘	1896	倒A	
光绪二十三年 浙江省造光绪元宝	库平七钱二分	1897		
	库平三钱六分	1897		
	库平一钱四分四厘	1897		
	库平一钱四分四厘	1897	武昌	
	库平七分二厘	1897		
	库平七分二厘	1897	武昌	
	库平三分六厘	1897		
浙江省造"魏碑体" 光绪元宝	库平七钱二分	1809—1899		
	库平三钱六分	1809—1899		
	库平一钱四分四厘	1809—1899		
	库平七分二厘	1809—1899		
	库平三分六厘	1809—1899		
浙江省造"楷书体" 光绪元宝	库平七钱二分	1902		样币
	库平七钱二分	1902	铜制	样币
	库平三钱六分	1902		样币
	库平一钱四分四厘	1902		样币
	库平七分二厘	1902		样币
	库平三分六厘	1902		样币
浙江省造 民国十三年	贰毫	1924		样币
	贰毫	1924		双旗 样币
	壹毫	1924		

其他银元版别种类表

名称	币值	年份	版别	备注
中华民国 龙凤黼黻银元	壹圆	1923	大字	
	壹圆	1923	小字	
	贰角	1926		
	壹角	1926		

续表

名称	币值	年份	版别	备注
黎元洪像 中华民国开国纪念币	壹圆	1912		
	壹圆	1912	"H"缺横	
	壹圆	1912	戴帽	
	壹圆	1912	戴帽 错英文	
袁世凯像 中华民国共和纪念币	壹圆	1914	"L. GIORGI"签字版	样币
	壹圆	1914		
袁世凯像飞龙 中华帝国 洪宪纪元		1916		纪念章
徐世昌像 中华民国十年九月 仁寿同登		1921		纪念币
		1921		纪念章
曹锟像戎装像		1923		纪念章
段祺瑞像 中华民国执政纪念币 和平		1924		
张作霖像 纪念币		1926		
		1927		
		1928		
孙中山像 中华民国国民政府 十六年造	壹圆	1927	中山陵	纪念币
中华民国十七年 贵州银币	七钱二分	1928	二叶草	汽车
	七钱二分	1928	三叶草	汽车
	七钱二分	1928	车门无直线	汽车
中华民国三十八年 贵州省造	壹圆	1949	圆窗	竹子
	壹圆	1949	方窗	竹子

9

保管钱币的那些事

却是平流无石处，时时闻说有沉沦。

——《泾溪》〔唐〕·杜荀鹤

在评级过程中,我们的评级师经常会发现,藏友们送评过来的钱币存在一些错误的包装(保存)方式,这些方式有可能导致钱币品相受损。

因保存方式的不当而导致钱币品相受损,这是令人惋惜的。反推这些包装方式,主要是存在认知上的不足,集中在新手的群体。

钱币的保管是一门必修学科。不正确的保管方式有可能会对钱币的表面产生不可恢复的影响,这将直接影响钱币的品相和价值。同时,在评级实务中,因保管不当而造成钱币品相受损,也会是评级师的扣分项。对于新手来说,如何保管钱币是入门的必修课。

我们整理了存在的一些问题及解决方案,辅以图文方式呈现给大家。

小心拿放

拿放钱币需要小心,尤其是徒手拿取钱币需格外小心,不正确的拿取方式会对钱币表面产生影响,比如汗渍和油污可能会在钱币上留下指纹或掌纹印记。

除此之外,跟拿放钱币一样,保存钱币也是一门细致活,正确的保存方式会让钱币增值或尽量保持原有状态,而不正确的保存方式则会影响品相,进而影响价格。

9.1 钱币保管之殇

人们总是对美好的事物心生向往。如果因钱币保管不当或拿放不当而造成品相受损,无不令人追悔莫及。在收藏爱好者眼里,一次大意疏忽或保存不当的行为造成的品相受损,无论是从审美角度还是价值角度往往会令其心痛心酸,懊恼不已。

以下是因保管不当而造成品相受损的钱币:

1. 含有指纹的钱币(图 9-1)

孙像二十三年船洋　　　　　　　　　河南省造中心太极当十文铜元

北洋 34 年龙洋

图 9-1　币面含有指纹的钱币

  不干净的手指通常含有油污、细小的杂物、灰尘、汗渍等,这些物质被带到娇贵的钱币上,短时间内肉眼无法发现。但随着时间的推移,数月、数年以后,这些物质伴随着钱币的氧化而氧化,逐渐生成肉眼可见的、深褐色的指纹印,大有可能钻进钱币的底板,留下终生的印记。

  即使是香汤沐浴后干净的手指,指纹上还是残留着水分或汗渍。在这种拿币方式下也会对钱币表面造成一定的影响,一段时间以后生成的指纹印也足以令人心痛不已。

2. 被化学物质污染以及不当清洗的钱币(图 9-2)

迪化六年背面图　　　　　　　清洗后迪化背面图

清洗后的孙像二十三年船洋

图 9-2　被化学物质污染及清洗不当的钱币

被化学物质污染的钱币如果"抢救"及时,在洗银水的帮助下或许能恢复如初。但这种药水会对钱币的金属表面产生影响,经洗银水清洗后的钱币表面散发出"白惨惨"的银光,缺少柔和感。其实,并非所有污染都能清洗,清洗不当往往也会留下令人遗憾的印记。

清洗有风险,洗币须谨慎。

3. 高点摩擦充满伤痕的钱币(图 9-3)

图 9-3　高点有磨损的钱币

钱币高点受损和表面伤痕将直接影响钱币品相,在评级时将会被挑剔的评级师扣分。(高点,主要指的是在钱币表面包含的最高处。)

4. 保存不当而氧化的钱币（图 9-4）

孙像二十二年船洋

袁像三年

图 9-4　保存不当而氧化的钱币

钱币上的金属离子会与周边环境的物质发生氧化（硫化）反应。以银元为例，在酸性的环境下会发黑；在碱性的环境下短期内会发黄；在干燥的环境下会由土黄色逐渐过渡到栗色；在潮湿的环境下大概率会长出绿色的铜锈。

人工合成的包浆因缺少年轮的润色，总是与新时代自然原味的追求格格不入，从审美的角度来看缺少一种真实感。

5. 不小心掉落地面，边缘磕碰的钱币（图9-5）

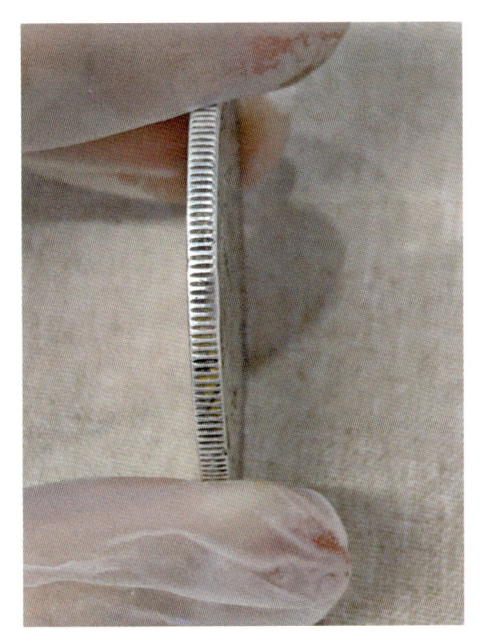

图 9-5　币缘有磕碰的钱币

这是最令人心痛的，也防不胜防。几乎所有的钱币爱好者都有过这种心痛的体验。如何以安全无虞的方式拿取钱币请参照下文"如何拿取钱币"。

6. 表面被划伤的钱币（图9-6）

孙像开国纪念币 　　　　　　　　　　　　　袁像九年

图 9-6　币面被划伤的钱币

定位册大多以普通的化学硬质材料做成。这种材质的分子极不稳定，遇热变软，遇寒则硬。在寒冷的冬季取出钱币时要格外小心，坚硬的塑料会对钱币表面造成划伤。

几乎每一位钱币爱好者都存有这种不小心划伤钱币表面的记忆，特别是在徒手近距离欣赏裸币时，或者暴力开盒时会发生。

243

7. 表面中式元素被人为擦除、清洗、撕毁的钱币（图9-7）

钱币表面留存的中式元素，比如墨印、帖纸、醇记等，作为不可再生的中式元素以及本身所体现的文化价值、经济价值和年代感，是那个年代中国最真实的记忆，是钱币上的文化遗产，引起了中式元素爱好者广泛的共鸣和追捧。

墨印、帖纸、醇记等作为中国特有的钱币元素，浓郁的中国风给钱币学术界和收藏界留下浓墨重彩的记忆。

因认知不足或为迎合某类评级标准而人为破坏这些元素，实在令人心痛。

墨印被擦除的银元 　　　　　　　　墨书被擦除的银元

墨印被清洗的银元 　　　　　　　　帖纸被撕毁的银元

图9-7　币面中式元素被人为清理的钱币

值得注意的是，无论何种原因导致的保管不当，一旦品相受损，其价值的缩水是一定的，排除时空因素，与受损前相比，溢价的可能性微乎其微。

9.2　如何拿取钱币

新手常常会感到困惑，到底如何正确拿取钱币？

这个问题同样也让一些收藏数十载的钱币老藏家摸不着门路。中式评级在收评过程中，时常会见到因没有正确拿取钱币而导致品相受损的,这个结果令人唏嘘。

我们整理了在实务中不同的拿取方式,为方便大家加深了解,将以大家喜闻乐见的百分制标准进行打分,以拿取方式不同分别给予分值。以下是不同拿取方式的评分值:

1. 不得分:拇指和食指夹住钱币的两面(图9-8)

拇指和食指夹住钱币的两面,这种拿取方式对钱币品相的影响极大。手指表面的污渍掩映着指纹遗留在钱币表面,短期内或许不会有明显的变化。但随着时间的推移,这些污渍伴随着钱币的氧化而氧化,逐渐生成肉眼可辨的指纹印,时间越长,指纹印记的颜色越深。

2. 不得分:钱币放置在手掌中(图9-9)

钱币放置在手掌中,这种拿取方式是绝对不可取的。掌心的汗渍同样会遗留在钱币表面,所产生的影响或许不是令人生厌的指纹印,有可能留下的是斑块状的包浆或掌纹印记。

图9-8 拇指和食指夹住钱币的二面

图9-9 钱币放在手掌中

3. 80分:手指拿着钱币的边缘(图9-10)

图9-10 手指拿币缘

手指拿着钱币的边缘,或许对钱币表面的影响极小,但手指所持部位的币缘和边齿也会留下触摸痕迹。

特别是对于现代精致光边币,会产生不可避免的影响。随着时间的推移,一样会留下指纹印。这在高度追求品相完美的收藏爱好者眼中依然是不能接受的。

4. 100分:带着软手套或白手套拿着钱币的边缘(图9-11)

图 9-11 带着软手套或白手套拿着钱币的边缘

带着软手套拿着钱币的边缘,是一种标准且完美的拿取方式。在机制币娇贵的身躯面前,此种方式虽繁琐但十分有必要,此举能够维护钱币品相的完美。

要引起注意的是,徒手拿取钱币时务必要留心以下三点:

(1) 轻拿轻放;

(2) 拿紧钱币,小心滑落;

(3) 钱币与桌面(水平面)的高度不超过 15 cm,且桌面(水平面)上铺有柔软的绒布或防滑的软性材料。

9.3 如何保存钱币

机制币在出厂状态时,通常是以牛皮纸严实包裹后解送出去,这种包裹方法可能自发行机制币开始一直延续到现在。牛皮纸呈棕黄色,用途极广,是柔韧结实、耐水防潮的包装用纸。可是,自撕开牛皮纸开始,钱币就开启了"颠沛流离"的生涯。

每一枚钱币在其"颠沛流离"中因保存环境、保存方式、使用频率等不同都会造成钱币品相的千差万别。在实务中,因保存方式而导致钱币品相的受损常令人倍感惋惜。

我们整理了当下藏友们不同的保存方式,为方便大家加深了解,也将各种保存方式以百分制标准进行打分,以保存方式不同分别给予分值。以下是不同保存方式的评分值:

1. 不得分：裸币用报纸包裹（图9-12）

图9-12　裸币用报纸及其他纸张包裹

裸币用报纸包裹曾是一种民间常见的保存方式。但是，报纸油墨通常含有促干的挥发剂以及甲苯、二甲苯、乙醇、异丙醇等多种化学物质。特别是上墨面积较大、墨层较厚的报纸，这些物质存量更多。一旦因保存环境改变，报纸上的化学物质容易发生化学变化进而侵害钱币。

故如果按此种方式长期保存会对钱币品相造成影响。

不仅如此，即使用其他类型的纸张包裹钱币，也会因为钱币间的互相摩擦导致钱币品相受损，比如高点磨损、底板划伤与擦伤、边齿磕碰等。

2. 不得分：裸币装在定位册里（图9-13）

图9-13　裸币装在定位册里

定位册大多以化学材质做成，这些材质的分子极不稳定，遇热变软、遇寒则硬是其基本特点。这种材料时间长了会发黄、发暗、发黑，会侵害钱币金属表面，将会对钱币品相造成影响。

3. 不得分：裸币装在白色纸夹里（图9-14）

白色纸夹主要有以下三个问题：

(1) 硬质的纸夹会造成币面高点受损；
(2) 取出钱币时订书针的不当处理容易造成币面划伤；
(3) 硬质纸夹表皮的透明材料同样是以化学材质做成，时间长了将会对钱币品相造成影响。

图 9-14　裸币装在白色纸夹里

其中第(1)项、第(2)项引起的品相受损是不可恢复的,需要引起高度注意。

令人欣慰的是,随着白色圆盒的广泛推行,白色硬质纸夹包装机制币的方式或将逐渐淡出人们的视野。

4. 不得分:钱币完全裸露在空气里(图 9-15)

图 9-15　钱币完全裸露在空气里

以银元为例,银元完全裸露在空气里,其金属与空气中的氧气、二氧化碳和水等外界物质发生反应产生表面物质(如铜绿或发黑),进而影响品相表达。

空气的区域属性会决定银元品相的外在表达,如前文描述,在酸性的环境下会发黑;在碱性的环境下短期内会发黄;在干燥的环境下会由土黄色逐渐过渡到栗色;在潮湿的环境下会长出绿色的坑口。

并非所有的自然氧化都会影响银元品相表达,一些自然环境下生成的特殊包浆反而深受藏友们的青睐,比如上海"弄堂彩",其自然幻化的彩光令无数藏友着迷,这无疑是为钱币品相加分的。

需要区别的是,上海"弄堂彩"的产生有区域独特属性,其大多是通过"压箱底"呈现,即银元"躺在"小范围空间的箱子里、柜子里、抽屉里,且历经数十年的时间生成,并不符合此项"钱币完全裸露在空气里"的描述。

5. 不得分:裸币无序叠放在一起(图9-16)

图 9-16　钱币无序叠放

裸币无序叠放在一起,通常会对钱币表面的高点产生影响,高点受损将直接影响钱币品相。另外,无序叠放也会使钱币底板产生擦痕,俗称"苍蝇脚",这种"苍蝇脚"不受藏友待见。

6. 不得分:裸币装在PVC软质塑料袋里(图9-17)

图 9-17　裸币装在软质塑料袋里

先来认识一下PVC,英文Polyvinyl Chloride的缩写,简称PVC。它是由氯乙烯单体经聚合反应而制成的无定形热塑性树脂加一定的添加剂(如稳定剂、润滑剂、填充剂等)组成,软点低。

这种方式短期存放钱币或许影响不大,但长时间存放,这种材料释放出来的有毒物质会对钱币表面产生侵害。

7. 80分：裸币装在惰性材质的白色圆盒里（图9-18）

图9-18　裸币装在白色圆盒里

市场上的白色圆盒内圈大多是用聚乙烯（PE）材料制成，这种材料化学稳定性较好，耐氧化、耐酸碱、无毒。这种方式适宜长时间存放钱币。

8. 90分：裸币装在惰性材质的白色圆盒里，外套惰性软质塑料袋（图9-19）

图9-19　裸币装在白色圆盒里，外套软质塑料袋

这种保存方式之所以给90分，是因为白色圆盒外加惰性软质塑料袋，安全、密封、防水，等于加了一层保险，这种方式适宜长时间存放钱币。

9. 100分:评级封装入盒(图9-20)

图 9-20　评级封装入盒(银标和金标)

市场上大多数正规评级公司的封装盒基本采用惰性的分子材料制成,无毒、耐氧化、耐磨防划痕。超声焊接工艺可以确保盒子牢固、安全、密封、防水,适宜长时间存放钱币。

当然,值得注意的是,取出已经保存许久的钱币,在近距离欣赏时依然要十分小心,以下三点需要引起注意:

一是要正确拿取钱币;

二是要避免钱币表面被外包装物划伤;

三是务必要小心钱币滑落(掉落)。

10

钱币评级师的职业修为

求木之长者，必固其根本；欲流之远者，必浚其泉源。

——《谏太宗十思疏》〔唐〕·魏征

10.1 职业修为的基本定义

职业修为是指个体在职业进程中所表现出来的言谈举止、素质、技能、知识、态度、习惯、修养、道德、涵养、造诣等，符合本职工作需要或超越本职岗位的期待，而综合呈现的社会评价。

修为一词有别于修养，但二者却是相辅相成的。一个主外，一个主内，修为指一个人的修养、素质、道德、涵养、造诣等，属于个人软实力，所以修养属于修为。修为是修养的表现，修养是修为的前提，修养是精神、思维、意识内心。内在修养好，把修养表达出来的就是修为。

修养，是指人的综合素质，修身养性说的就是这个意思。唐代吕岩的《忆江南》中："学道客，修养莫迟迟，光景斯须如梦里。"作为一个人修行后的一些表象，修行是对内心思想和行为的改造，通过修行就会表现出一种与众不同的状态。修为是修行的程度，而修养只是修行潜在的表现。

狭义来讲，修为，是指个体耐得住寂寞，经得住诱惑，懂得有所求有所不求、忠诚可靠、诚实守信、技术过硬。有岗位责任也有社会担待，懂得感恩，学会适应。一件事情别人用时一天都没有完成，你仅用一个小时就解决了，这是专业能力的表现，这属于修为。面临重大挑战需要担责时，你挺身而出化解了问题，这是担待，也属于修为。

10.2 钱币评级师的职业修为

钱币评级师的职业修为总体表现在以下七个方面：

一、开放包容，吐故纳新

面对任何事，开放包容，勇于接受新事物的心态更能保持旺盛永久的生命力。这对个人、企业、社会、国家、民族而言，都是幸事。

钱币评级师应该以广阔的胸怀、深厚的情怀投入评级工作中去。因评级工作的便利，日常会见到常人或收藏爱好者，乃至钱币专家都很难见到的钱币，这该是何等的幸事啊！加之钱币背后的故事，其发行背景、当时的社会环境、购买力、铸造工艺等需要深入了解，不出几年，一个钱币评级师俨然就是一个活动的钱币博物馆。

平时，钱币初级评级师应该多听高级评级师、钱币专家的意见，降低姿态虚心请教，主动学习有关钱币著作，主动查阅钱币发行史料，主动了解钱币行情，主动学习鉴定技术，不断培养自己保持开放多元、保持不断探索的工作习惯。

兴趣是最好的老师，热爱是最佳的法宝。钱币评级师要不断培养自己的钱币收藏兴趣，作为职业发展其本身应该是一名钱币收藏爱好者，又或者是一名钱币收藏家。收藏需要情怀，同样钱币评级也需要情怀。正如中式评级在其微信公众号推文中所说："我们创立中式评级的初衷，以及推广中式评级标准的初心，不是以纯盈利为主要目的，只为将爱好和情怀延伸。希望能静下心来做钱币研究及评级学问。故而，推广评级知识，宣传鉴赏理念与鉴赏技能，树立正确的钱币收藏价值观，传承钱币收藏文化，是中式评级一贯的、不变的情怀。"这是一种情怀，同时也是将爱好、兴趣升级成产业的典范。

因此，评级师与评级企业一样，需要数年、十多年、几十年如一日的坚守，坚守初心，坚守情怀，坚守标准。眼中只有利益没有情怀的行为，往往都是短视、短期、失败的行为。

明代洪应明在其《菜根谭》一书中说过这样一段话："鹰立如睡，虎行似病，正是它攫人噬人手段处。故君子要聪明不露，才华不逞，才有肩鸿任钜的力量。"其意思是，老鹰站立时双目半睁半闭仿佛处于睡态，老虎行走时慵懒无力，仿佛处于病态，实际上这些都是它们正准备取食的高明手段。所以有德行的君子要做到不炫耀自己的聪明，不显示自己的才华，才能更有力量担任艰巨的任务。

该项修为的要求：传承有序，尊重上级，坚守职业初心；激发兴趣，主动学习，保持探索精神。

二、勤于学习，不断精进

"好学近乎知，力行近乎仁，知耻近乎勇。知斯三者，则知所以修身。"《中庸》里的意思是多向人请教称得上聪明，身体力行称得上仁德，懂得廉耻称得上勇敢。知道这三点，就知道该怎样修炼自己。

一名钱币评级师在上岗前，不仅要掌握评级企业的价值观、经营规章之外，还要深度掌握钱币鉴别技术，以及评级企业的钱币评级标准、评分体系与打分标准。除此之外，还要投入专门时间，广泛学习钱币专业著作，系统学习不同时代的钱币发行背景，钱币背后的那个朝代（年代）的历史与货币金融史。

钱币评级师如果墨守成规，不与时俱进，不了解最新的评级鉴定技术，不跟同业同行交流，不参加继续教育，不学习最新的造假技术，不了解一线钱币的市场行情，这不仅影响评级师自己的发展与出路，还会给评级企业带来巨大的经营上的风险。可见，钱币评级师的学习精神该有多重要，评级企业的经营者也要保持高度的注意力，要积极构建评级师的学习机制，要拨出专门经费，用于评级师的继续教育。

主动买假币，主动学习假币，主动买修补币，主动学习修补币，也不失为钱币评级师的日常选修课，这或许是评级师们保持与时俱进、不断更新鉴定技术的不二法则。钱币评级企业可以在这一方面给予支持，比如费用支持，给予评级师一定的学习经费；又比如建立数据库，不断采集与更新数据，不断丰富假币和修补币的资料，定期内部组织评级师学习。

扩大自己的专业交际圈。钱币评级师要主动与同行交流，参与与组织同行交流活动，还要不断提高评级技能。

该项修为的基本要求：尊重同行，开展交流合作，促进公平竞争，维护评级行业秩序；更新评级观念，提高鉴定能力，参与继续教育，促进评级行业可持续发展。

把时间花在进步上，是成为顶级评级师的秘诀。

三、客观公正，探真求实

一位评级师缺失道德底线及不公正的行为带来的负面影响，表面看影响的是一家企业的公信力，实则对评级行业的形象也产生一定影响。按刑法规定，该评级师的行为或将构成职务侵占罪，评级企业如果追究责任，等待该评级师的将是一场牢狱之灾。

业内某知名评级企业的一位评级师，在圈内小有名气，其利用工作便利及评级企业内部管理的漏洞，在评级工作中，多批次收受别人贿赂，为别人谋求评级利益，违规给予人情分，将本属于清洗币、修补币的标注却给了具体分数；将明显低分币调成高分币；将本属于 AU 状态的币，调高为 MS 级别，甚至假币也给入了盒。一时间钱币收藏市场舆论哗然，钱币评级企业形象严重受损，这一批号以及这一系列的评级币如烫手山芋，无意间购得此币的藏友也叫苦连连。此事件已经过去有些年头了，虽然该评级师最终被评级企业除名，评级企业事后也做了妥善的处理，但对评级企业的影响至今依然存在，广大藏友对评级行业的内部管理也产生了质疑。

社会主义核心价值观中的"自由、平等、公正、法治"，是社会层面精神文明建设的纲领要求。时代呼唤钱币评级师必须做到公平公正。

此项修为的基本要求：尊重标准，实事求是，依章独立作业，促进结果公平，维护公平公正；对行业负责，对企业负责，对钱币事实负责，对职业行为负责。

四、爱岗敬业，勇于担当

钱币评级师首先是评级企业的一名员工，应当遵守所服务企业的经营管理规定及行为规范。其次，应当遵守评级企业制定的评级技术标准，严格按照技术标准作业。第三，钱币评级师是人，是人就会犯错，要勇于试错并且承担错误结果，以及错误带来的成本及导致的不良影响，积极去承认、去承担、去协助单位消除不良影响。

一些评级企业都具备良好的内部管理机制,采取的平均评级法或共识评级法都可以有效避免评级师犯错,评级师的犯错机会大大降低。另外,评级企业采取的赔付机制也可以将错误影响降低到最小范围。

未来,随着商业保险的探索引入,有责任保险系列中的产品责任保险和职业责任保险的加持,将对评级企业的经营风险,以及对评级师的职业风险提供全面保障,无疑为评级师和评级企业,乃至整个评级行业插上飞翔的翅膀。

该项修为对评级师要求:品行良好,行为规范,举止文明,恪守钱币评级职业伦理;遵守单位规定,敬业乐业,勇于担当,与评级企业共进退。

五、乐于奉献,懂得感恩

评级行业的健康发展,评级企业的经营效益,都离不开钱币评级师认真作业及高度负责的精神。反之,钱币评级师虽然是独立作业的个体,但也离不开行业的孵化,离不开企业的土壤。这其中关系相辅相成,特别是与评级企业的关系,是至真至诚、唇齿相依的合作关系。

该项修为对钱币评级师的要求:心系客户,精准作业,乐于奉献,与企业发展相向而行;正直诚信,高度自律,常怀感恩,维护行业良好形象。

100多年前的某天下午,在英国一个乡村的田野里,一位贫困的农民正在劳作。忽然,他听到远处传来了呼救的声音,原来,一名少年不幸落水了。农民不假思索,奋不顾身地跳入水中救人。孩子得救了。后来,大家才知道,这个获救的孩子是一个贵族公子。几天后,老贵族亲自带着礼物登门感谢,农民却拒绝了这份厚礼。在他看来,当时救人只是出于自己的良心,自己并不能因为对方出身高贵就贪恋别人的财物。

故事到这儿并没有结束。老贵族因为敬佩农民的善良与高尚,感念他的恩德,于是,决定资助农民的儿子到伦敦去接受高等教育。农民接受了这份馈赠,能让自己的孩子受到良好的教育是他多年来的梦想。

农民很快乐,因为他的儿子终于有了走进外面世界、改变自己命运的机会;老贵族也很快乐,因为他终于为自己的恩人完成了梦想。

多年后,农民的儿子从伦敦圣玛丽医学院毕业了,他品学兼优,后来被英国皇家授勋封爵,并获得1945年的诺贝尔医学奖。

他就是亚历山大·弗莱明,青霉素的发明者。

那名贵族公子也长大了,在第二次世界大战期间患上了严重的肺炎,但幸运的是,依靠青霉素,他很快就痊愈了。

这名贵族公子就是英国首相丘吉尔。

农民与贵族,都在别人需要帮助的时候伸出了援手,却为他们自己的后代甚至国家播下了善种。

人的一生往往会发生很多不可思议的事情,有时候,我们帮助别人或感恩别人,却可能冥冥之中有轮回。职业人生亦然。

雁过无痕,叶落无声,美丽是些具体而又实在的东西,无处不在地守候着你,期待着你的发现。感激这个行业的魅力,感激客户们的认可,感激企业的培养,感激你的努力参与,更感激你的奉献。

六、严谨规范,恪守规则

无规矩不成方圆,有敬畏才知行止。人生于世,必须遵守各种各样的规则,比如法律、道德、制度、舆论。正是因为有这些规则的存在,社会才能有序运转,人们才不会肆意妄为,最终害人害己。

钱币评级师应该具有独立的工作人格与品行,评级结果不以人为及外部因素为转移。钱币评级师在工作期间,除了排除任何外部因素干扰外,还要具备独立的工作空间、干净纯朴的工作意念、轻松的工作情绪、高尚的责任心以及按照评级标准给予经得起历史检验的评级结果。

民国时期,天津小白楼一带,有一个接骨医生,叫苏金散,五十来岁,接骨相当厉害,长得高高瘦瘦,平时穿一身长袍,眼睛大又有神,眼神中总给人一种智慧的感觉。

苏大夫接骨手法可以称得上神乎其神,他那双手虽然纤细,但是却充满着力量。谁要是骨折了,只要经过他那双手左一捣鼓,右一推捏,准能精准接上。

因为名气很大,很多洋人有个跌倒损伤、骨折之类的也会前来找他。名气大的人,脾气也怪,来他这里治病的人,首先要把七块银元放到柜台上,苏大夫才会给它治,这是他定的规矩。

久而久之,别人就给了他一个外号,叫苏七块。因为他的规矩,来疗伤的人,都会提前准备好银元才过来。

这个苏七块有一个爱好,就是喜欢打牌。

一天,两个好友又找他打牌,苏七块当时也正空闲,就摆好桌子,准备好打牌场地。

由于三缺一,又把隔壁街的牙医华大夫叫了过来。

华大夫是苏七块的好朋友,心地善良,平时没事也会经常在一起喝茶聊天。四人坐在一起,很快码上了牌。今天苏七块手气还不错,一上场就连赢几把,兴致也很高。牌打得正激烈的时候,忽然门口站了一个车夫,这个车夫是经常在这条街拉车的,大家都认识。

只见车夫站在门口,左手抱着右手,右手不停地在颤抖,肘关节位置晃来晃去,豆粒大的汗珠不停地从额头往下掉,脸上表情痛苦极了。

这明显是摔倒了。

只听车夫痛苦地说道:苏大夫,我拉车不小心摔了一跤,右手骨折了,麻烦你帮忙接一下骨,七块银元我先欠着,到时我拉车赚着钱再给你。

苏七块像没有听到似的,不断地催着牌友们出牌。很明显,苏七块是没见到七块银元,对车夫的伤视而不见,牌友们也都知道苏七块的臭脾气,也不好去劝他。

车夫靠在门口,痛苦地呻吟着,明显是很难受。

车夫这个职业,要拉车才能有钱,每天拉车的钱,基本到手后就用于开销了,所以一时拿出七块银元相当困难。

华大夫忽然起身离桌上厕所,然后从后门出去,绕过巷子来到诊所前门街道,远远地向门口的车夫招手。

车夫过去,华大夫从口袋里掏出七块银元放到车夫手上。只说了一句,赶快去接骨。然后又转身绕到后面巷子,从后门回到了牌桌。

车夫回到诊所,把刚才华大夫给的七块银元,摆在柜台上。

只见苏七块二话不说,已停下手中摸牌,来到了车夫跟前,熟练地把车夫手在空中划了几道弧,然后分别向前向后推了一下,说了一句,好了。

大家都看得目瞪口呆,车夫还准备忍受几下疼痛,但是,还没等他反应过来,右手就好像能活动了。

接好骨后,苏大夫给车夫手臂还装了夹板,并配了一服药,说道:"这药是送给你的,回去熬着喝就能痊愈了。"车夫用感激的眼神看了看苏七块和华大夫,说了声谢谢,然后离开诊所。

苏七块继续回到牌桌上打起牌来。太阳下山后,大家都感觉饿,就结束了牌局,各自准备回家。

苏七块看牌友离开后,拦住华大夫,拿出七块银元给他,说道:"我不是见死不救,只是规矩不能坏。"

自己立的规矩自己必须遵守,但又灵活地运用策略、方法,没有墨守成规,为苏七块点赞。

钱币评级师是评级企业的核心力量,是评级企业宝贵的人力资源。一个评级师不遵守规则的行为,哪怕仅仅只有一次,对评级企业的经营风险和市场口碑都有可能造成影响,甚至是灭顶之灾。

该项修为对评级师的要求:认真负责,严格细致,一丝不苟,正确适用技术标准;运行有序,保证质量,及时有效,严格遵守评级行为规则。

七、注重效益,维护声誉

《三国演义》中的徐盛说:食君之禄,忠君之事。意思是从谁那里拿俸禄就对谁忠诚。市场经济告诉我们等价交换,拿了企业给我们的报酬,就必须忠诚于这个企业,这是最起码的交换原则。不忠诚于企业就违背了这个原理,肯定会形成不公平感,就无法实现这个交换,到这时就是你丢掉饭碗的时候。钱币评级师应当忠实可靠,忠诚于雇主,认真履行职责要求,实现企业与个人的双收益。

评级企业的效益源自两点,一是品牌效益,二是企业经营效益。这两点互为促进,相辅相成。这两点有一个共同的指向,就是源自评级企业内控机制严格与评级师的打分严谨。口碑不是一朝一夕的功夫造就的,这需要所有的评级师与评级企业的共同努力,这也是全体评级师苦练鉴别内功、坚守标准底线、拒绝人情分而带来的客户认可,带来了市场美誉度,带来了品牌效益,带来了企业公信力,从而也带来了企业经营效益。

群众的眼睛是雪亮的,市场经济也是公平的。只要你坚守初心,坚持标准,坚持底线,坚持品质,耐得住寂寞,撑得起无聊,经得起冷漠,放得下无助,心无旁骛,目标坚定。一段时间后,市场必定会给你一个满意的结果。

狄更斯在《双城记》的开篇写道:这是一个最好的时代,这是一个最坏的时代。对于钱币评级市场而言,随着钱币行情的持续上扬,钱币市场吸引了众多的目光和资本进入,越来越多的新生力量加入钱币投资收藏行列。新手的加入对三方评级的保真及客观公正的依赖相当大,于是钱币评级业务风生水起、一片红红火火。市场上有几家头部评级企业经过多年的运作,以其良好的公信力,已经深得藏友们的推崇和认可。

中式评级也在进一步细分市场,根据多年钻研与调查研究,依据中国的钱币流通元素,经过大量的数据与实物分析,将那个时代的中国特有元素墨戳、钢戳、各色锈迹、五彩、帖纸等进行充分归类,编写出墨印、醇记、吉帖、美锈、炫彩五大类评级标准,命名为《机制币鉴定与评估中式评级标准》,申请注册了国家版权,作为我国自主知识产权,填补了评级行业标准的空白。因此,这是一个最好的时代。

当前,一些币商和钱币投机者,深谙"谢尔顿"评级标准,充分发挥自己的优势,大力钻营钱币品相的实现,为了博取最大利益,不惜通过人为改变钱币面貌的做法,片面迎合评级企业的评级标准。于是,自然氧化的锈迹、彩浆被清洗,代表字号、钱庄品牌形象的墨戳被清洗,钢戳被修补、填充、掩盖,表示美好祝愿的帖纸被清理……

在利益的巨大推动下,那个时代中国特有的钱币流通元素被人为消亡,不由得令人扼腕叹息。对钱币保护而言,这是极不理智的行为。因此,这或许是一个最坏的时代。

所幸的是,越来越多的有识之士参与进来,在为守护那个年代特有的钱币流通元素而竭尽所能。随着中式评级理念及中式评级标准的逐渐推进,具备中式元素的钱币将得到有效地保护和传承。

（编者按：本篇文章初稿写就时 2020 年底，那时中式评级刚刚成立，中式评级理念及中式评级标准刚刚开始面世推行。时至今日，中式评级理念及中式评级标准获得了市场认可。）

另外，评级行业之所以发展，是公信力在上升。无论评级企业，还是钱币评级师都要竭心尽力维护行业公信力。

该项修为对评级师的要求：忠诚可靠，坚守标准，忠于职责要求，维护职业声誉；严守秘密，注重修养，注重企业效益，提升行业公信力。

11

钱币评级师的
职业道德

古人学问无遗力，少壮工夫老始成。
纸上得来终觉浅，绝知此事要躬行。

——《冬夜读书示子聿》〔宋〕·陆游

11.1 钱币评级师的定义

钱币评级师是指通过特殊专业的培训并取得职业资格,主要描述钱币的真伪、品相、包浆、压力、字口、光泽度、流通痕迹、底板状态、版别、人为因素(如修补和包浆掩盖)等评级要素,通过钱币呈现的整体品相和状态,结合钱币表达的自然因素和社会因素,参照颁布的评级标准,出具评级结果的专业人才。

我国《公民道德建设实施纲要》指出:"职业道德是所有从业人员在职业活动中应该遵循的行为守则,涵盖了从业人员与服务对象、职业与职工之间的关系。"

钱币评级师的职业道德是钱币评级从业人员履行其职业责任、从事钱币评级中逐步形成的、普遍遵守的道德原则和行为规范,是社会及行业对从事钱币评级工作的人们的一种特殊道德要求,是社会道德在钱币评级职业生活中的具体体现。

11.2 钱币评级师的职业道德

近年来,我国钱币评级事业蓬勃发展,评级理念深入人心,市场需求旺盛。在钱币评级市场迅速发展的同时,也存在着部分钱币评级从业人员职业道德缺失、职业行为不规范的现象。

这些现象的存在,不利于评级行业的诚信建设,不利于评级服务水平的提高,不利于评级行业长期健康发展。

钱币评级从业人员可以分为两类:一类是指第三方评级公司专门从事钱币评级的人员,这类人群被称为钱币评级师;另一类是在专业领域或平台(比如文物局、博物馆、钱币鉴定委员会、收藏家协会或钱币专业交流平台等)从事鉴定与评估的人员。上述两类人群,在本书中统一称为钱币评级师,需要统一遵守钱币评级师职业道德。

依据评级实务,钱币评级师应该具备七项道德原则:守法遵规、诚实信用、专业胜任、忠诚服务、勤勉尽责、客观公平、保守秘密。

七个道德原则之间不是孤立的,而是一个相互联系的有机整体。其中,守法遵规、专业胜任是基础,诚实信用是核心,客户至上、勤勉尽责、客观公平、保守秘密这几条原则可视为诚实信用原则在不同方面的发展。

一、守法遵规

对于任何一个行业的从业人员来说,守法遵规都是最基本的职业道德。钱币评级师在职业活动中应从以下方面体现守法遵规:

(一)以《中华人民共和国文物保护法》为行为准绳,遵守行政法规,遵守社会公德

1. 广义来讲,钱币评级属于文物保护的范畴,因此,《中华人民共和国文物保护法》是我国文物收藏行业的基本法则。钱币评级师是文物收藏行业中的一个群体,《中华人民共和国文物保护法》对文物收藏行业的约束也必然构成对钱币评级师的约束。

2.《中华人民共和国消费者权益保护法》、《中国人民共和国民法典》和《中华人民共和国反不正当竞争法》等相关的法律法规,钱币评级师也必须遵守。

3. 遵守社会公德。社会公德是指适用于社会公共领域中的道德规范或者道德要求,其突出的特点是具有社会公共性质,是社会各个阶层、集团都应当遵循的共同道德要求。

(二)遵守收藏行业自律组织的规则

收藏行业自律组织包括中国收藏家协会、地方性的收藏协会等。它是非营利性的社团组织,具有非

官方性。其宗旨主要是：为会员提供服务，维护行业利益，促进行业发展。该协会指导会员遵守法律、法规及国家政策，遵守社会道德风尚；提高收藏爱好者收藏品位、收藏技艺；引导收藏爱好者逐步规范民间收藏品市场，促进收藏活动的健康发展。作为钱币评级师要遵守行业自律组织发布的相关规则。

（三）遵守所服务评级单位的管理规定

所服务的评级单位按照单位管理的需要，制定出评级师的适用准则，即单位管理规定，规范员工的行为，统一行动的方向。

钱币评级师除了要遵守《中华人民共和国劳动法》的要求外，还要严格遵守所服务单位的管理规定。

二、诚实信用

诚实信用是钱币评级从业人员职业道德的灵魂。

钱币评级师要以维护和提高钱币评级行业的信用和声誉为重，以卓著的信用和良好的道德形象，赢得客户、所属单位及社会的信任。

一枚钱币是真是伪，适用哪类评级标准，如何定级打分，这需要评级师不仅具备一定的鉴定水准，还需要评级师具备高度的责任心、高度的自律意识和良知，如实地、正确地给予评级结果。

三、专业胜任

一名钱币评级师是否具备职业素质，主要是考查其钱币评级的专业技能。

具体要求如下：

（一）上岗前取得职业资格并具备足够的专业知识与能力

鉴于钱币评级的特殊性，钱币评级师应具备法律规定条件，经过考核或政府主管部门、行业组织的批准方能取得从业资格。我国对于钱币评级师同样也应该实行资格认证制度，但这一条件我国尚处于探索阶段。

以中式评级为牵头的行业评级组织，正在积极地探索实施这一制度。其上岗前首先应当通过钱币鉴定行业组织的钱币评级师资格考试，上岗后还应该每年参加一定课程的后续教育。

钱币作为国家货币，在不同的年代其发行的背景、所处的社会环境、国家策略等不尽相同，这就需要钱币评级师首先要具备一定的受教育水平、浓厚的钱币兴趣等；其次要有精熟透彻的钱币发行背景知识、历史文化知识等；最后要有广博的真伪辨别能力、钱币版别识别能力、评级标准深度把握能力等。

但是，仅有这些还是不够的，还要不断了解最新的造假技术，更新伪币的识别能力，增强解决实际问题的能力。

（二）在工作中加强业务学习，不断提高业务能力

"纸上得来终觉浅，绝知此事要躬行。"科学研究表明，在现代社会，一个人的知识，只有10%是靠正规学校教育给予的，而其余90%则是靠工作实践获得。

钱币评级师要善于从实践中不断获取新的知识，在工作中不断加强业务学习，以不断提高业务技能。

（三）参加行业自律组织和所属机构组织的考试和持续教育，使自身不断适应评级市场的发展

造假技术的不断提高及钱币的多样性决定了钱币评级师必须坚持终身学习，才能与时俱进。参加一定程度的培训及后续教育，评级师才能继往开来。

另外，钱币评级师在上岗之前取得的"钱币评级师"资格证书仅仅是一个基本资格。未来在基本资格的基础上还可以设定分级分类的资格考试，每一级资格的取得，就是对钱币评级师更高专业技能的认可。

我国这一体系目前亟须建设，钱币评级师可以通过参加这类考试而不断提高业务素质和技能。

因此，在做好本职工作的前提下，钱币评级师还应争取受教育的机会，通过学习教育、岗位培训等途径，接受再教育，掌握一定的文化历史知识和钱币造假动态，以使自己能够适应不断发展与变化的评级需要。

四、忠诚服务

忠诚服务，不侵害所属评级单位的利益；切实履行对评级单位的责任和义务，接受所属单位的管理。

钱币评级师应忠诚服务于所属的评级单位。

首先，忠诚服务要求钱币评级师忠实于所属评级单位的经营理念。经营理念不仅是一个公司昭示于社会公众的一个标志，而且也是全体员工的行为准则。只有忠实于公司的经营理念，员工的行为才有了指南，才不至于偏离方向。

其次忠诚服务于所属单位。要求钱币评级师尽到自己的责任和义务。责任感是以道德感为基础的，是一种对自己责任的义不容辞的情感。当人承担了应尽的责任时，就会体验到满意、喜悦、自豪的情感。

最后，忠诚服务要求钱币评级师接受所属单位的管理。

五、勤勉尽责

（一）秉持勤勉的工作态度，努力避免评级工作中的失误

钱币评级师应立足于本职岗位，积极尽责，秉持勤奋认真的工作态度，把职业理想与平凡的日常结合起来，以创造绩效。

当每个个体均能以苦干、实干和创造性劳动态度做到干一行、爱一行、钻一行、专一行，并勇于开拓创新时，整个职业团体就会迸发出无穷无尽的力量，创造出一流的口碑与业绩。

（二）不打人情分、不评人情币、不擅自超越所属单位的工作授权

在实际操作中，出现个别评级师打出人情分、评出高分人情币，甚至出现自己钱币自己评的行为。这是个别评级师不负责任的自私行为。

要知道钱币评级师的权限均源自所属单位的工作授权。评级师们只有严格遵守工作授权的义务，而无擅自更改和越权的权利。

也就是说，钱币评级师必须严格按照所属单位的要求，准确地根据评级工作流程及范围开展工作，并根据所规定的评级实务手续进行操作，不评人情币，杜绝人情分。

另外，评级单位也应该建立内控制度，包括但不限于对评级师的身份、言行、权限范围、工作方式、奖惩制度等做出严格管理。

六、客观公正

客观公正是钱币评级中非常重要的一环，将直接决定评级单位的市场口碑及影响力。

一枚银元按"谢尔顿标准"理应给予 XF45 的分数，评级师却打出了 AU53 的分数；一枚币按"中式评级标准"理应打出墨印三级 58，评级师却打出了墨印二级 62。

这样的评级结果很难获得市场的认可，长久下来必然对评级单位的评判标准产生非常不利的影响，将直接影响评级单位的生存与发展。

因此，钱币评级师客观公正的定级打分非常重要。

具体要求如下：

（一）所属的评级单位必须建立健全内控机制

评级单位的内控机制可以有效推动客观公正的行为，比如建立评级师评级机制，采取平均评级法和共识评级法就可以有效避免这个问题，即一枚钱币由三个或三个以上的评级师独立打分，分值汇总后，最终按一定条件给予打分定级结果。

中式评级采取两个标准并行的评级方法，谢尔顿标准采用共识评级法机制，中式评级标准采用平均评级法机制。

除实行客观公正的评级方法外，评级单位要建立防范评级师内外勾连、职务犯罪等机制，还要建立防范评级师不道德、不作为等品德考察机制。

（二）钱币评级师必须要具备的专业能力与品格

目前在机制币的评级体系中，有两大评级体系并行，一是采用国际通行谢尔顿标准，二是拥有我国自主知识产权的中式评级标准。

作为钱币评级师，首先要深度掌握这两大评级体系及评级标准。

其次，评级师要具备独立的人格，不为金钱利益诱惑，杜绝人情分、不评人情币，不得参与钱币买卖，严格执行评级标准，与所属的评级单位同心同德，相向而行。

那些违背工作标准、违背评级体系的负面行为，是一种短期短视、损人不利己的不道德行为，将会造成评级单位管理秩序的混乱，直接危及评级单位的生存能力，甚至影响整个评级行业的健康发展。

（三）要加强同业人员间的交流与合作，实现优势互补、共同进步

钱币评级师是一个特殊的群体，群体内部团结和谐，凝聚力就强，同业之间就可以优势互补，就会产生一种整体协同效应，这种效应远远大于其部分之和。

但是如果个体间相互损耗，力量也就相互抵消，反而产生负效应。因此，钱币评级师要加强同业人员间的交流与合作，保持融洽和谐的合作关系。

另外，行业组织也可以探索成立评级师协会，定期举办专题活动与主题教育，推动行业评级师共同进步。

七、保守秘密

评级单位的文件资料、运营体系、制作工艺、管理方式、评级技术、客户信息、包装盒、供应商、知识产权、财务信息、运营状况等，属于商业机密。

商业机密也称商业秘密，《中华人民共和国反不正当竞争法》第九条规定：本法所称的商业秘密，是指不为公众所知悉、具有商业价值并经权利人采取相应保密措施的技术信息、经营信息等商业信息。

评级师在日常工作中，需要经常接触这类商业机密，要高度注意这些信息的保护，严防泄露。否则，轻者被处罚、开除、赔偿经济损失，严重者将会构成犯罪。对评级单位也将造成不可估量的损失。

评级师未经单位授权不得向公众公开自己的身份；不得以评级师的名义开展业务活动；在评级结果公布前，评级师不得私自公布钱币的评级结果。

除上述这些信息外，送评的客户信息、其他评级师信息也是评级企业高度机密的内容，评级师在日常工作中也需要注意保护，不得私自泄露。

评级单位需要加强内部运营机制的建设，做到各部门独立运作，各流程衔接顺畅，员工各司其职、内外有别，渠道、客服、生产、运营、评级、财务、质检、审计、品宣、培训、合规等分开独立运作，从体制和源头上防范泄密情况的发生。

12

从"克明"到"胡旭明"
——银元墨书背后的社会认知

旧时茅店社林边，路转溪桥忽见。

——《西江月·夜行黄沙道中》〔宋〕·辛弃疾

此枚袁世凯像三年银元，巨幅墨书（墨批）笔画清晰，运笔考究，字体连体设计，耐人寻味（图 12-1）。

图 12-1　胡旭明 1

银元底板细腻平整几无伤痕，转动币面有弱银光浮现。高点俱在，边齿完整，打制深峻，压力充足，极美品到近未使用的品相。

这枚三年"袁大头"的墨书无疑是老的。它主要体现在墨痕浓厚清晰，墨色浓郁乌黑，墨汁颗粒粗糙，墨迹沉着牢靠、不易脱落，典型的砚台磨墨后书写，初步评价使用的是松烟墨。

这枚墨印，藏友间一度认为是"克明"二字。从整体的笔画上来看，的确像"克明"二字。

墨书的清晰度是辨识墨文与墨意的关键，此枚墨印的墨书笔画清晰，整体构造特殊，笔画间的连接自成体系，丰富的想象空间引起中式评级墨印小组研究人员浓厚的兴趣。

第一眼看到这枚银元上的墨书，下意识就以异形章和异体字的角度去思考文字的布局。基础文字元素有古、九、日、月、兀，且行笔为楷书，故此研究人员推测可能组成古旭明、胡旭、古九明、胡旭、胡旭明（因为兀旧时有巍脆不安的意思，所以从吉凶的角度考虑予以排除）。

"古旭明、胡旭、古九明、胡旭明"并不符合民国时期大中型商号名称的取名规则，故唯有人名方能合理解释。

在首要确立姓氏的环节中，"古"姓还是"胡"姓，研究人员展开了热烈的讨论。

当研究人员将此币的影像投放在巨大的数字投影屏上的时候，放大了数十倍的文字笔画高清地呈现在众人眼前，运笔中一笔一画非常立体客观，研究人员此时有了重大发现。

"古"字第一横的古怪写法与"月"字第一笔的特殊写法，代表了这二字高度关联（图 12-2）。

图 12-2　胡旭明 2

研究人员又从中式评级后台数据库中调取多枚相同的墨书(图12-3至图12-6),枚枚可见"古"和"月"字始终相连,这两个字始终向人们展示它们之间的联系,这似乎如同情侣之间的牵手行为,代表着亲密的连接。这是墨书的作者有意而为之,作者在向世人隐晦而又高调地、含蓄却又直接地告知"胡"姓无疑。

图12-3 胡旭明3

图12-4 胡旭明4

图12-5 胡旭明5

图12-6 胡旭明6

墨印研究小组在高清的影像辅助下发现了蛛丝马迹,排除了"古"姓,坚定认为这个字为"胡"。

确立了"胡"姓后,进一步在"胡旭"与"胡旭明"之间开展了海量的考证工作。

考虑到那个年代墨印与墨书的社会背景与所处区域,结合该币曾经在江苏与浙江地区曾经批量出现,研究人员将视线聚焦于江苏、上海、浙江以及安徽皖南胡姓家族。在查阅了海量的地方县志、地方金融史料、钱庄及商号资料后,浙江宁海的"胡旭明"背景资料与此墨书高度吻合,至此,"胡旭明"的立体形象开始丰满起来。

胡积廉,乳名廉生,字养藩,号旭明,生于清光绪十一年(1885年),系浙江宁海"五份头"胡长据长子。

在宁海,说起地主(现称大富户),尤其是大地主,人们必称大湖"五份头"。

根据1986年版《宁海县志》以及一些历史资料,所谓"五份头"地主,其实是大湖村的五房大富户,分别是胡维甫、胡允望、胡才余、胡允明、胡传昂,其中胡允望、胡才余、胡允明已沦落为一般地主,胡传昂则已败落。只有胡维甫一房一枝独秀,据土改资料,其田产达到了3000余亩。胡维甫的父亲胡旭明,祖父胡懿卿,曾祖父胡福基在清末、民国时期皆为风云人物。

胡旭明二十岁时留学日本,入日本同文书院学习三年,毕业后升明治大学法学科,得法学学士学位。

回国后于民国二年(1913年)被聘为北京国立大学教授兼大律师,任职三年,因父母年老,弟弟幼小,为孝顺父母,打理家族产业,离职回乡。

胡旭明善经营、好慈善,民国十一年(1922年)被选为县议会议员、县育婴堂委员。

民国十七年(1928年)、十八年(1929年),宁海东乡连续遭洪水袭击、海塘被毁,百姓受灾严重,村民吃草根、树皮充饥。

胡旭明任县水灾筹赈兼东乡平粜分栈主任、粮食接济所委员,他不仅自掏腰包,还先后向钱庄、银行前后借银十数万元向江苏、上海米粮富足之地采购粮食。

胡家发家之后,就十分重视办教育,以解决乡邻子弟读书问题,早在道光年间,就创办了文昌阁,延请私塾老师,对附近的乡邻子弟教学。

到了近代,胡旭明又建了两排校舍,建立起近代小学,聘请了校长,校长与教师的工资均由胡家支付。

1930年,宁海中学建校之初,经费拮据,县政府号召乡绅捐款。当时大湖胡氏的族长是胡旭明的父亲胡懿卿(图12-7)。

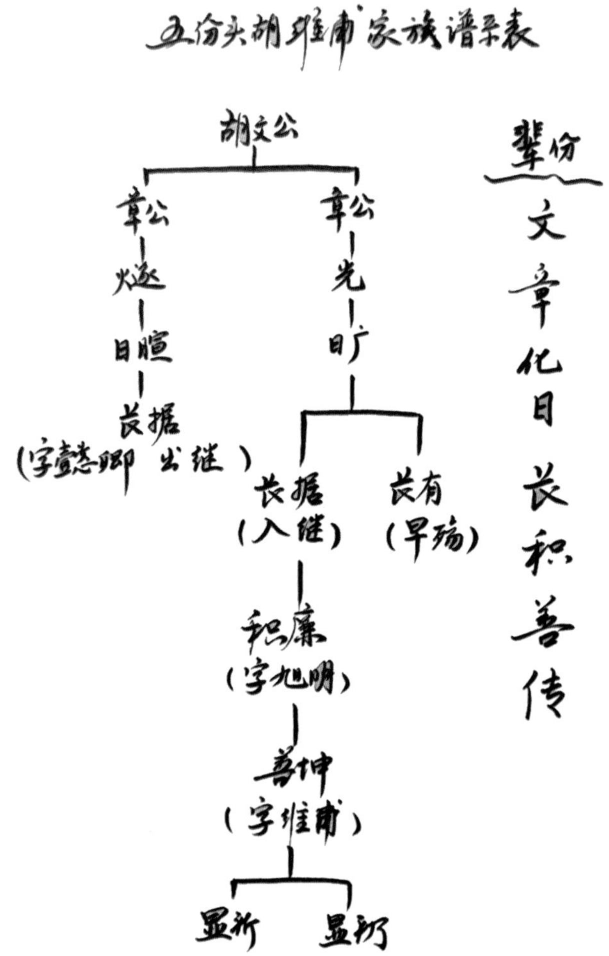

图12-7 胡旭明家族谱系图

族长与各房商定，族中出资2500大洋捐给宁海中学建造校舍，次年再捐资2000大洋给宁海中学购置图书、仪器，其为宁海中学办学初期最大的一笔善款。该两笔善款尽管名为族中出资，实大部分为族长拿出。

胡旭明代父筹款并购买物资，积善传家美名扬。

种种行善之举，涉及巨额款项，银元的品质如何保证？谁来保证银元的品质？通过什么方式保证银元的品质？胡家早在宁海扬名，胡旭明在众多善举中皆有牵头，作为个人影响力与社会口碑的重要体现，唯他通过个人墨书来确保银元品质方属情理之中（图12-8）。

图12-8　胡旭明墨书

至此，坊间"克明"二字的称谓终于真相大白。

无论从墨文笔画，还是构造设计；无论凭目直观，还是人物背景，"胡旭明"的称谓都形象具体，更具表达意义。

墨书，藏友也称墨批，是那个年代中国特有的钱币流通文化，代表着广泛的信用佐证之意。墨书的呈现形式有文字、图案、数字、符号以及古怪的标志等，是墨书作者当下意识的表达。

墨书在民事行为中以具名确认、签名画押等形式广泛存在，极具个性化、随意性，有工整的墨书文字（通常是姓和姓名），有馆阁体风格的合体墨书，有算筹码（苏州码）数字（图12-9），有代表特殊含义的图案（也只有当事人能说清图案的寓意），也有随意涂鸦之作的符号，还有一些特殊作用的图形和暗记。

图12-9　算筹码（苏州码）

地主家的账房先生与民事行为中(比如婚丧嫁娶、小孩满月、孩子考学高中、老人祝寿以及家族庆典)邀请的管账先生,在工作周期内结束工作,需要向主家报账,为了证明收进的银元都是自己鉴定过的真品,在银元上用毛笔墨书做记号。

这些管账的先生大多工于书法,书写风格与书法结构自成一派,非常容易识别。此举向主家表明,所有收进的银元大可放心,我留下墨宝予以证明,如果是假,凭墨书负责到底。这个习俗在民间至今仍然广泛流行(图12-10、图12-11)。

图12-10　我抒义　　　　　图12-11　画押

墨书具有鲜明的时代意义,它的广泛存在一方面具有树立口碑、青史留名、刻碑列传之意,这在富商巨贾与乐善好施之士捐赠中可见。另一方面具有信誉佐证、表明出处、具名确认之意,这在账房先生、管账主事与普通百姓等民事行为中常见(图12-12、图12-13)。

图12-12　福海正新　　　　　图12-13　忠

墨书与墨印一样,是银元社会价值与信用价值的延伸,更是那个年代社会信用体系建设的体现。

13

发现：银元墨印上的地名

泓澄爱水物，临泛何容与。

——《耶溪泛舟》〔唐〕·孟浩然

地名墨印如同一个人的身份证明,有鲜明的地方色彩,包含地方特色、人文、经济,蕴含地方精神。

地名墨印不仅仅代表某一特定区域的代号,它还是文化信息的载体,是文化的镜像,是墨印文化的活化石。其实质有着极其丰富的文化内涵,是中式元素价值所在,也是宝贵的民族文化遗产,值得关注、保护和探究。

今天要讲述的地名,是金华市的洋埠镇。

每一座古镇,一定有属于它的光辉过往,金华市婺城区洋埠镇也不例外。

这里曾是金华西大门,水通南国,自古以来商贾繁盛,也是重要粮仓。

洋埠最有名的,除了水岸埠头外,就是一条长约500米的米行街。鼎盛时期,街道两旁米行、客栈、酒肆、茶馆、商铺林立。

洋埠是衢江的关键港口,船运十分发达,江上舟楫如云,帆影对接。

终日里港口车水马龙,绸缎布料等城市稀罕物从远处运进,土货土特产,应有尽有。独特的地理位置,造就了米行大街上近百年的兴盛。

明末清初,居住在兰溪城北的杨章公,带领族人来到衢江南岸这块肥沃的土地上居住并从事农垦开发,当时取名为"杨坑埠"。因为地理优势,后来这里很快成为浙江金衢盆地"洋货"集散地,时常与洋货接触,当地人逐渐将脑子中的"杨"改为"洋",简称为洋埠。

另一种说法是,当地人称流经该地的衢江为洋港大溪,杨埠衍称为洋埠,故名。

图 13-1　洋埠 汪萬順米業 生財圖記

这枚"洋埠(楷)汪萬順米業(楷)生財圖記(篆)"墨印(图13-1),为地名+商号+经营内容+吉语,将自己所处时代、归属地区、身份背景、营业范围、乃至愿景期望,都交代得清清楚楚。

中式评级墨印组的研究人员细看下发现,此墨印形制设计特别,雕工精湛成熟,刻法阴阳结合,书法篆楷协调,文字布局合理,充满艺术美感。

该枚墨印印文清晰,粗看墨印左侧虽然存在墨色欠浓郁,这是印章在加盖时受力不均匀所致,细看下线条依然清晰可辨。

此枚墨印墨迹牢固,墨色纯粹,系采用质量与等级较高的墨手工研磨而成,是典型的松烟墨。

此方墨印中各关键要素齐全,研究人员赞称:此墨印无异于现代版的一张名片。

据骆旭明、徐溆的考证（原文载于《中国收藏》杂志）：民国时期，洋埠最有名气的米行老板是"汪萬顺米業"（汪万顺米业）的王秋金。

"汪萬顺米業"开在洋埠中街与米行街转弯处，其南面有七家米行，北面也有三家。

按理说，排在前面的米行更具位置优势，但事实上，"汪萬顺米業"的生意要胜过前面七家。

因为，王秋金有一套独具一格的经营方法：如果是首次到这家米行卖米，他会在收购的实际重量的基础上再上浮1至2斤，并且对上午来卖米的人免费供应米粥，小菜多样化。对中午来卖米的人免费供应午餐，菜中有鱼肉。

来到"汪萬顺米業"卖米的壮汉都是汤溪后大村种粮大户家的长工，百余斤米用肩膀挑到洋埠，饿得肚皮早就贴到背脊，喝了米行的热粥，心里热乎乎，精神跟着饱满起来，返程时便健步如飞。而回到家向东家汇报大米重量，一听超出斤两，也让东家乐开了花。

所以，后来汤溪的上境村、东祝村、下伊村等种粮大户的米都挑到"汪萬顺米業"出售，该米行在洋埠越开越旺，名气甚至传到了杭州、萧山、富阳等地。

"汪萬顺米業"的王老板深谙商道与人性的融合，诠释了另类版本的"无尖不商"。对，你没有看错，非"无奸不商"，是"尖"而不是"奸"。

"无尖不商"是褒义，"无奸不商"是贬义。"无奸不商"是后人修改的，"无尖不商"才是原意。

"无尖不商"描述的正是米行的经营之道。源自古代的米商做生意，除了要将斗装满之外，还要再多舀上一些，让斗里的米冒尖儿。

"无尖不商"出典为旧时买米以升斗作量器，卖家在量米时会以一把红木戒尺之类削平升斗内隆起的米，以保证分量准足。

银货两讫成交之后，商家会另外在米筐里余点米加在米斗上，如是已抹平的米表面便会鼓成一撮"尖头"，尽量让利。说简单点就是量好米再添点的意思。

这一习惯已成习俗，即但凡做生意，总给客人一点"添头"。这是老派生意人的一种噱头，这一小撮"添头"，很让客人受用。

"无尖不商"还体现在去布庄扯布，"足尺放三""加三放尺"。

"无尖不商"还体现在拷油拷酒都有点"添头"。

在十里洋场的上海，在王家沙吃小笼馒头免费送蛋皮丝开洋清汤，"老大昌"称糖果奉送两根品牌三色棒头糖。

即使在现代社会，研究人员认为"无尖不商"在现代商业活动中也应用得淋漓尽致。去菜场买菜，商贩会送你几颗蒜头、香菜；买鱼虾，摊主会送你一块生姜、一把小葱；买五斤米，店家会多送一两或送个鸡蛋；去饭店吃饭，老板会送你一盘花生、一份拍黄瓜，结账时老板将零头抹掉；去药店买药，工作人员会送你一片消毒酒精棉或一个口罩；去加油站加油，店员提醒你关注微信号送优惠券、送两瓶纯净水或一盒抽纸；去商场消费，商家会提供积分兑换礼品或免费停车；去买车、买房、买大件，商家会推出营销活动，比如买车送保养，买家用电器免费送上门、免费安装，买房送车库等。

"无尖不商"的底层逻辑是建立商家品牌形象，赢得消费者信任，让利于消费者，推动消费者购买行为并且建立情感纽带。当然，不良商家的恶意促销行为会被贴上"奸商"的标签。

正因为"汪萬顺米業"的王老板商道有术、仁义经营，故"生财（财）"有道。

这枚"洋埠汪萬顺米業生财圖记（图记）"墨印银元就见证了那个时代洋埠米行的商道（图13-2）。

图 13-2　洋埠　汪萬順米業　生財圖記组图

研究人员再次端详这枚色泽纯粹的墨印,它如同大家闺秀般的雍容端庄,从小熏染出的沉稳气质,始终优雅地呈现在世人面前,尽心地帮助世人去理解、发现与探索,得体地站在自己的角度讲述那个时代中国诸多的往事。

14

探究：银元墨印上的吉语

一溪之水，可涉而舰。人不我直，我犹力行。
一溪之水，不杠而涉。濡首中流，汝嗟何及。
汤汤流水，可以休兮。嗟行之人，则濯足兮。

——《流水》〔宋〕·黄庭坚

吉语，意为吉祥语，通常用来表达人们心中对美好生活的向往。

吉语可以通过谐音、象征、比拟、双关、借喻、借代、警策、引用等表现手法，寄托人们对美好生活的期盼，对平安喜乐的向往，对良辰佳节的祝贺，对自身价值的追求。

吉语在银元墨印的历史上留下浓墨重彩的记忆。

中式评级墨印组的研究人员在日常工作中，通过辨识、研究、考证及整理，将常见的吉语墨印汇成系列，将一些成果分享给大家，与众多墨印爱好者共同进步。

图 14-1 "雅俗同爱"墨印图 1

研究人员在图 14-1 这方墨印上停留了较长时间。

（一）心生赞叹

甫一见到这方墨印，浓郁的民国风扑面而来，优雅的字体、流畅的线条以及充满艺术感的设计，让研究人员心生赞叹。

在中式评级的后台数据库里，多次出现这方墨印，最大程度地向我们展示她曾经辉煌的存在。

在那个没有电视、没有手机以及没有任何手持电子设备的情况下，文人间的潜心修炼与精雕玉琢，将书法功底、审美艺术与篆刻技术结合到一起，以清新素雅的姿态呈现在今人面前。

停留的时间长，是由于解读的时间长，也是基于学术的严谨让研究人员的意见无法取得一致。

图 14-2 "雅俗同爱"墨印图 2

墨印欣赏的精髓通常呈现在墨印的中心地带或显眼之处,这是现代社会普遍所认知的中心位,这一点古今高度一致。

由中心,到上下,继而到左右,继而延展到四周,这是欣赏与解读墨印的基本程序。在常态化的解墨工作中,这也是墨印小组研究人员的常规工作流程。

同样地,仔细端详这方墨印(图 14-2),其墨印核心之处在于中间,研究人员对于中间的两个大字,首要确认为篆书体的"進興"(进兴)二字,经推测可能为商号名。

这二字的确认,墨印小组全体研究人员并无异议。

(二)花明柳暗

对于这方墨印争议的焦点在于环形的左右两侧,四个字的解读可谓"花明柳暗"。

"花明"在于这两侧环绕的四个字,研究人员先期意见几乎一致,大家认为答案是"正俗同爱(愛)",昭示篆书的作者或商号的经营者通达平和、追求进步的心境。

"柳暗"是基于学术的严谨,研究人员对于后三个字"俗、同、爱"并无异议,后期在论证的时候,研究人员探究此答案的可行性,仿佛穿越至民国并与此墨印作者对话,"正俗同爱"的别扭说法令人心生疑惑。

疑点一,"正"字的篆书写法始终无法取得令人信服的答案(图 14-3)。研究人员查阅名家字帖、历代碑刻、篆书字典等,皆未获得有益的证据。

图 14-3 该字局部大图

疑点二,"正俗同爱"的说法虽然从表面解读似乎合理,但意境却与追求内在完美的民国文人相比大相径庭。

两个疑惑点抛出后获得了众人的支持,研究人员中断探究此答案的可行性,回到原点,继续开展海量的查证工作。

(三) 柳暗花明

保持墨印探究的热情,基于学术的严谨,研究人员的内心深处始终存在着一种敬畏,这种敬畏呈现出来的是对那个时代文人精神的敬重,是对墨印文化的尊敬,也是对墨印作者的尊重。

机会垂青有心人,真相总在深远处。

"俗"的另一面是"雅",会不会是"雅"字的通假写法?变体字?金文?

研究人员通过对篆书本意的推敲,本着"大胆假设,小心求证"原则,开始对"俗"字的正向表达"雅"字进行批量检索,终于在《金石大字典》中检索到"雅"字的艺术写法(图14-4)。研究人员深受鼓舞,为寻求进一步的例证,继续考证。

图 14-4　雅字书法图(《金石大字典》)

在清末著名的金石学家、书画家吴大澂的书法作品《孝经》中,研究人员再次检索到"雅"相同的艺术写法,这一次将这种写法精确地指向为"雅"。

鉴于二次检索到的字形及结构高度相似,从时间上考证,研究人员推测,吴大澂本身是清末著名的金石学者与篆刻大家,其书写的字有可能被《金石大字典》收录。如此,这样的单一例证仍缺乏说服力。

研究人员精益求精,继续开展检索。

在仔细查阅《说文解字》部首中,研究人员有了重大发现,《说文解字》将此字形解释为部首"疋"(shū)(图14-5)。

研究人员眼前一亮,随即将"疋"部输入字典查询。字典里的答案,让研究人员一阵欢腾。字典释义为:"疋"古同"雅",《尔雅》亦作《尔疋》(图14-6)。

图 14-5 雅字书法图(《说文解字》)　　　　　　　　图 14-6 "雅"字释义

疋 - 释义

yǎ　　古同"雅",《尔雅》亦作《尔疋》。

pǐ　　同"匹"

shū　　脚。

至此,此字答案终于柳暗花明。在有力的证据下,研究人员坚持的解墨原则"大胆假设,小心求证"有了明确的结果,坚定地认为此方墨印左右环绕的四字为"雅俗同爱"。

"雅俗同爱",无论从字面的表面解读,还是遵循墨印作者的意境,以及文字所倾向寓意的表达,比"正俗同爱"更为符合。

"雅俗同爱"这个答案终于获得墨印小组的可行性论证。

图 14-7 "雅俗同爱"墨印图

"雅俗同爱"深刻地展现了墨印作者或商家的心境,昭示着可转换的精神力量,在商海的拼搏中保持勇于接纳、平和乐观、追求进步的精神。

"进"则"兴",商海如此,学业如此,做人也如此。

参考文献

鲁昊,邵明泉,冷涛:《中国银圆谱》,商务印书馆,2021年。
张承光等:《四川藏洋》,中国国际文艺出版社,2011年。
陆荣泉等:《江南龙洋图鉴》,时代文艺出版社,2015年。
鲁雷:《北洋龙洋图鉴》,辽海出版社,2013年。
美国PCGS评级公司:《钱币评级与鉴定PCGS官方指南》,上海科学技术出版社,2018年。

后 记

以终为始

人人都是评级师,区别在于业余和专业。

"这枚龙洋是 MS 状态的,这枚'袁大头'AU58,这枚孙像开国纪念币至少有 MS63,这个墨印应该能到二级",这些是藏友在坊间普遍的钱币交流声,这是钱币玩家基于个人经验对评级标准的理解,而专业机构的评级师给出的结果往往具备效力且有一定的守恒性。

从构思、起草到付梓,本书的创作已历经四年,伴随着中式评级的崛起,四年间六易其稿,源于对钱币上的中式元素、评级理念与技能的逐步升华。

作为钱币收藏的新兴载体,墨印、醇记、帖纸,这些浓郁且纯粹的中式元素,是那个年代独特的钱币流通文化,是一个时代留存的真实写照,无不反映当时中国的政治、经济、民俗、文化、审美及地区生产力水平,具有宝贵的学术价值、经济价值与历史人文价值。在经济利益的驱使下,人们人为去清洗、擦除、撕毁、修补这些元素,单方面改变性质去迎合某一类评级标准,这是多么令人痛心的行为!

可喜的是,随着中式评级理念及品牌的推广,越来越多的钱币爱好者开始呼应。时至今日,人们的钱币收藏观念开始觉醒,纷纷行动起来,与中式评级一道做着有意义的事情。

这就如同酿造美酒,好酒一句"开坛十里香",这个"香"源于严谨而卓然的酿造工艺;这个"香",也源于大家的共识、共鸣与共情。

美锈、炫彩亦然。

在我的认知里,没有哪一家钱币评级企业可以在成立后的几年间潜心做研究,关起门来不开展业务,一门心思做学术考证,当面对四面八方的嘲讽与质疑声,"两耳不闻窗外事"。中式意志以终为始,坚若磐石。

这是不以盈利为主要目的的价值观指引,这是为保护和传承中式元素不遗余力。

我是中式评级的粉丝,如果一定要加一个称谓,应该叫首席粉丝。这是一家很特别的评级机构,虽然年轻,当下的规模与市场占有量较小,但却坚韧,却凌云豪迈,也拥有着一支"入则恳恳以尽忠,出则谦谦以自悔"的员工队伍。

当前,随着越来越多的钱币爱好者加入钱币行业,行业的热度如同钱币行情一样屡创新高。然而,钱币文化的推广需要不断接力,钱币评级行业专业人才匮乏,钱币评级水平良莠不齐,作为一个新兴的行业,钱币评级师职业认证迫在眉睫。

立足文化接力,立足培育高层次人才,立足职业认证,是中式评级的价值主张。又或许,本书可作为钱币评级师职业教育的一本参考用书。

打开本书的最佳姿势:阅读,强化了解,实践。到这里,你已经完成了全书的阅读,那么,重新翻回你感兴趣的章节,找到书中列举的、你最想要首先学习的部分,做一个全面地、深入地理解。

本书以评级师的视角对中式评级标准和谢尔顿标准作系统阐述,特别对中式评级标准进行重点介绍,配以海量高清图片,辅以类考古性考证文章,方便读者按图索骥,加深了解。

本书阐述机制币鉴定原理与实务，可作为评级师全景评级技能指南，在日常评级工作中参考使用，亦可作为钱币爱好者学习钱币评级使用。

　　本书强调钱币评级师的职业修为与职业道德，对评级师的个人品格提出要求，在钱币评级师的实务工作中有一定的指导作用。

　　本书在创作过程中，上海博物馆的钱屿老师、张沈春、王滢、吕晓虎、童天明、杨雪峰、王建、孙展、吴焕（句容）、吴焕（武义）、董嵩、王忠强、宋炜、洪震、胡明松、骆旭明、李建军、何强、洪伟、唐亮、杨继红、汪铮、闫振领、蔡海涛、张懿、叶勇、王圣庆、徐满、陈朴、张成刚、邵定扬、堵单奇、蔺柏林、全先达、吕志强、潘泽文、倪尧胜、程磊、张荣富、胡庆凯、夏爱平、陈建涛、王绍武、沈涛、华锋、屈志明、杨勇等良师益友提供了指导和帮助，中式评级的股东团队、管理层、墨印组、审计组、评级组、运营团队以及经销商团队给予协助，在此一并谢忱。

　　毛勇先生作为受邀特别顾问，在渠道开拓及本书的编纂过程中给予无私支持，致谢。

　　扉页篆书"印迹"二字为上海云台书画院刘少嵩老师墨宝，致谢。

　　特别致谢江凯、孙延先生。

　　由于编者学识与经验所限，本书错谬之处在所难免，望钱币行业专家学者、广大钱币爱好者不吝指教。

沈晓祥
2024 年 1 月